全国小学生校园美文精品集萃丛书

浸润着爱的伤疤

《语文报》编写组 编

时代文艺出版社

图书在版编目（CIP）数据

浸润着爱的伤疤/《语文报》编写组编. —长春：时代文艺出版社，2018.8（2023.6重印）
（"七色阳光小少年"全国小学生校园美文精品集萃丛书）

ISBN 978-7-5387-5892-4

Ⅰ.①浸… Ⅱ.①语… Ⅲ.①作文－小学－选集Ⅳ.①H194.4

中国版本图书馆CIP数据核字（2018）第125472号

出 品 人　陈　琛
产品总监　郭力家
责任编辑　徐　薇
装帧设计　孙　利
排版制作　隋淑凤

浸润着爱的伤疤

《语文报》编写组 编

出版发行 / 时代文艺出版社
地址 / 长春市福祉大路5788号　龙腾国际大厦A座15层　邮编 / 130118
总编办 / 0431-81629751　发行部 / 0431-81629758
官方微博 / weibo.com / tlapress
印刷 / 北京一鑫印务有限责任公司
开本 / 700mm×980mm　1 / 16　字数 / 153千字　印张 / 11
版次 / 2018年8月第1版　印次 / 2023年6月第5次印刷　定价 / 34.80元

编 委 会

目 录

风轻轻地吹，我醉了

001

茉莉花开

拥有翅膀的天使

孤独星球里的一只狗

"烤"乐一家人

风轻轻地吹，我醉了

　　一路，风轻轻地吹。我张开双臂，拥抱着大自然。醉了，醉在大自然中；醉了，醉在乡土风情中；醉了，我醉了……

水 磨 头

刘禧龙

终于，爸爸妈妈要带我去旅游了！

这次，我们一家和爸爸的朋友一家要去的地方是有着"太行小江南"之称的昔阳水磨头渔乡。一路上我们欢声笑语，两个小时后，来到了一座大山脚下，大山的下面有一小山洞，洞中狭窄，仅限一辆车通过。洞中泉水叮咚，是一场难得的听觉盛宴，但是对驾车者却是视觉的挑战。突然，眼前豁然开朗，绕过一片深潭，一座漂亮的山村展现在我的眼前。

这里空气清新，群山环抱，绿树成荫，鲜花遍地，泉水潺潺……

我们急不可待地下了车，观赏眼前这美丽的景色。天，是那么蓝，悠悠的白云让天空充满韵味；山，是那么峻拔，茂密的树林让我们心生向往；水，是那么清，清得犹如一面等待我们梳妆的明镜。我们被这美丽的风景陶醉了。

天渐渐地黑了，这里的夜晚天空中繁星点点。伴随着青蛙的歌声，我们进入了甜蜜的梦乡。

第二天，天刚蒙蒙亮，我就被村里的公鸡叫醒了。出门，微风轻轻地吹来，好清爽的早晨！这时，农民伯伯已经扛着锄头到田里翻土、浇水……我们穿过田野，顺着溪流爬上了一座山，清晨的山里人烟稀少，一路上山路和小溪手牵着手，并肩而行。溪边青苔遍地，一不小心脚下一滑，鞋湿了，但我并不在意。我边走边大喊几声，声音在山中回荡，好像有人在和我对话。山路越来越陡峭，植物也越来越茂密，一些叫不上名来的小鸟，欢快地叫着。伴随着一路的好心情，在午时，我们终于爬上了山顶，无限美景尽在脚下。

下山时一个很不起眼的小池塘映入了我们几个小孩儿的眼帘，我们欢叫着冲了过去，你推我搡探着头往小池塘里瞧，池塘里居住着很多小动物，蝌蚪、青蛙、小虾……它们在里面欢快地游着。我兴奋极了，不顾水凉，伸手就去抓，一抓好几个，真是开心极了！不过，我最后还是把它们放了，因为我觉得它们在大自然里才是最快乐的。

这几天我深刻地体会到了农民伯伯的辛劳和大自然的神奇美景。

在回家的路上，爸爸妈妈告诉我，那里环境优美，是因为没有乱挖乱采，没有工厂污染。我也跟爸爸妈妈说，农民伯伯那么辛苦，我们一定要节约每一粒粮食，爱护地球。

啊！水磨头，你带给我这么多快乐，我们下次再见！

足 + 勺 = 趵也

周子淇

"佛脚清泉，飘飘飘飘，飘下两条玉带；源头活水，冒冒冒冒，冒出一串珍珠。"话说趵突泉闻名遐迩，自古就有文人墨客流连垂青，留下了不少千古佳句。"百闻不如一见"，我怀着期待的心情，走进了趵突泉公园，走近了趵突泉。

入园便是晴雨溪，溪面不宽，溪上有一座雅致的小桥。走在桥上，看着桥下清冽明澈的溪水缓缓流淌，流进绿草深处，也流进了我的心田。阳光洒在水面上，乍一看，溪上波平如镜，可细细看来，不时像有玉珠落上去似的，扩散出一圈圈水纹，波光粼粼，圈圈涟漪点缀在溪面上，真像有无数的雨滴落入水中，怪不得叫晴雨溪呢。

趵突泉公园里有大大小小三十多处眼泉，当然了，众泉之首自然是驰名中外的天下第一泉——趵突泉。慕名而来想一睹她芳容的游客络绎不绝，泉池四周游人如织。趵突泉像一位大家闺秀，矜持地接受着游客的拍照，同时也优雅地享受着目光浴。趵突泉的中央有三个大泉眼，泉水从泉底向上喷涌而出，再四散开来，激起一层层雪白的浪花，使我禁不住想跳下去"大开喝戒"。这么纯净的水，令人不忍玷污，任何一个人都会惊叹于她的圣洁，她的美好。泉水喷涌而出的一刹那，好像有一种火山爆发的震撼感，就如古语所说"泉源上奋，水涌若轮"，奔流不息的泉水冲向四面八方时，好像岩浆在涌流，哗哗的水声不绝于耳。若是等皓月当空之时，独赏趵突泉，眼观泉涌，耳闻泉沸，那是何等的逍遥，何等的闲适啊。

鱼儿在泉中自由自在地穿梭，或者聚在一起说悄悄话，有的还跳起了集体舞。鱼儿是最可爱的，不张扬却活泼，无羁无绊地居住在甘甜的泉水里，有时也顺着小瀑布般的泉水去其他相通的泉里串串亲戚。无论是大泉还是小泉，里面都有鱼儿，也许，只有在这里，泉与鱼相依，这就是浓浓的鱼水情。

鱼儿是最可爱的，小泉是最奇妙的，小水泡是最美丽的。在阳光的照耀下，小水泡五光十色，从泉底的石头缝里钻出来，"咕嘟咕嘟"，三个一群，五个一伙地升上水面，以最美的姿态倏地消逝，隔上几分钟再冒上一串来，亮亮的，像是小孩子的明眸。上升时好像应和着什么节奏，整齐划一地旋舞着，碰到水面就碎了。水泡有大有小，大的扁圆扁圆的，像水晶般晶莹剔透；小的只有绿豆大小，肉嘟嘟的，惹人心生怜爱。水泡上升时飘飘摇摇，像顽皮的娃娃在赛跑，你追我赶；又像小天使一样轻盈地飞舞，美丽极了，诠释着转瞬即逝的意味，犹如怒放的昙花，顷刻逝去……

这次我真的懂得了，足+勺=趵。趵，跳跃也；趵突泉，跳跃之泉也。

乐山大佛之旅

张珂轩

我早听去过乐山的人说过这样一句话："山是一座佛，佛是一座山。"乐山大佛果真那么神奇吗？

我们来到了乐山大佛景区，先到了凌云寺。在凌云寺旁就可以看见大佛的头。大佛的头上有数不清的螺髻，从头顶一直到两边的耳朵旁边；耳垂大得令人无法想象；眉心有一颗硕大的红痣；眉毛看上去粗大而有力；眼睛炯炯有神，眼珠向下，似乎在看三江现在还有没有水患；鼻子非常挺，嘴角微微上翘，似乎知道了现在三江已经没有水患了，非常开心。我扶着栏杆往下看，好大的一座佛啊！大佛端坐在山间，腰板挺得笔直，身子大约有一面墙那么大吧！两只大手自然地搭在了腿上。两条腿，简直就像两根柱子，不！比柱子还要大。

我向水里看去，特别神奇的是河里每个地方的水都不一样，这儿的水很急，而那儿的水却是缓缓的。到了三江汇合之处，水有了三种不同的颜色：红色、黄色和绿色，水流也变急了。导游告诉我们：乐山大佛开凿于唐玄宗开元初年。当时，岷江、大渡河、青衣江三江于此汇合。水流直冲凌云山脚，势不可当，洪水季节水势更猛，过往船只常触壁粉碎……

　　我们随着人流排队去乐山大佛栈道。人可真多。下山的道路很窄，只能容一个人通过。走在陡峭的栈道上，看着山下奔涌的江水，我心里怦怦直跳，但还是小心翼翼地走着。一路战战兢兢，终于到了山脚下。神秘的大佛揭开了面纱，出现在我的眼前。整个大佛面向江水正坐着，两只手放在膝盖上，眼睛细长细长的，表情很严肃，他的身旁有很多小型的雕像，在青山绿水的环绕下，大佛显得更加壮观。我简直不敢相信自己的眼睛，这座大佛居然和凌云山一样高耸！导游告诉我们，眼前这座与山齐高，脚踏大江，双手抚膝的大佛高七十多米，头高约十五米，头顶能放一张大圆桌，耳朵里可以站两个大汉呢！肩宽二十四米，可以做篮球场，就连他的脚背上都可以坐一百多人。这是世界上最高的坐佛，我站在这个巨佛的脚下，还没有他的脚丫高呢！我仰起头凝视着大佛，心里无比激动，这真是太壮观了！

风轻轻地吹，我醉了

彭丹丹

　　一路，风轻轻地吹。我张开双臂，拥抱着大自然。

　　原来这就是传说中的"云骨"啊！她颤颤巍巍的，似乎马上就要栽倒下来似的。但被风雨蚀了一年又一年，她终于凝固成了岁月最阳刚的标本。风轻轻地吹，我已醉了……"这儿有鱼！""是啊，好多鱼啊！""真的呀！"一声声兴奋的呼喊把我推向了水池边。

只见鱼儿正为我们扔到水里的面包"大打出手"呢！再定睛一看，小的似乎才出生不久，还没我的手指头长呢！大的可有些年头了，移动起来就像一艘潜艇似的。更神奇的是这些金鱼的颜色，不仅有常见的橙色、黑色，居然还有通身白色的，真是太奇妙了！

风轻轻地吹，我已醉了……

多么别致的"乌毡帽"凉亭！邀上一群"死党"，坐在特制的"花雕酒坛"上，打打牌，聊聊天，再来上这么一小杯，真是人间难得的清静。如果你还嫌不够，左侧有一片树林，铺上地毯，小憩一会儿。听，小鸟歌唱，看，树叶起舞，相信什么叫回到了大自然的怀抱，你一定最有发言权了。

风轻轻地吹，我已醉了……

走在鲁镇的小街上，那浓郁的乡土风情扑面而来。阿Q依然在"拈花惹草"；小贩的吆喝依然那么熟悉；臭豆腐还是那么香飘十里；竹子编成的小动物，玻璃做成的吉祥物，还是那么精致。

007

咦？这是什么？一个招牌引起我的注意。龙须糖？我专注地看着老爷爷的制作过程，就像拉拉面一样。那熟练的手法，真令人称奇。

风轻轻地吹，我已醉了。

醉了，醉在大自然中；醉了，醉在乡土风情中。醉了，我醉了……

梧叶悲歌

王拉米

它，走了。没有遗言，没有告别，仿佛从来没有来过这个世界，就这样悄无声息地走了，只留下了一道浅浅的，却又非常扎眼的伤痕。它是学校梧桐树上，一条嫩嫩的枝条。

还记得，就在几天前，它还那么可爱，那么苗壮，几颗红色的小球球像颗颗紫里泛红、酸甜多汁的杨梅，我视它们为掌上明珠，并给它们取名为："一抹红绿，一抹生机。"它们那圆鼓鼓的憨样，我记忆犹新……

还记得，就在几天前，那几片青翠欲滴、几近透明的嫩叶，是那么脆弱，那么瘦小，应该是刚长出来的吧！颜色嫩嫩的，黄里带绿，脆弱娇嫩。看，多么纯洁，多么富有生机，那不是春天的颜色吗？叶子柔柔的，看上去如此弱不禁风，好似一捏，就立马粉身碎骨。上面还布满了密密麻麻的细小绒毛，乳白色的，那是细心的梧桐妈妈为它们穿上的爱心外套。那叶儿长在果实的上面，遮在小球球上，好像是一把小伞，为它的孩子们披荆斩棘、遮风挡雨呢！

可是几天后，这美好的一切便化为乌有，不知是哪一双罪恶的手，无情地葬送了这一条鲜活的生命，把它送上了黑暗而又可怕的死亡大道！

如今，它是魂断垃圾堆，还是被五马分尸？是被无数双脚践踏，还是被数不胜数的车辆碾过？它毕竟还那么小，仅仅活了几天啊！这娇小的生命就这样无情地夭折了。

在这清香袅袅、春意盎然的季节里，满目的葱绿、满目的生机已无法使我欣喜，反而使我的心情变得格外沉重。它，我那可爱的小球球，只是众多枝枝丫丫中的一个，是那样微不足道，那样弱不禁风，但要知道，再渺小、再平凡的生命，都可以绽放出属于自己的耀眼的光芒，每一片叶都可以创造一个缤纷世界！

风掠过树梢，梧叶"沙沙"作响，在春天的深处，满树的叶儿一起唱响了本不该唱的悲歌。

当地心引力离家出走

邱苏南

一张报纸随风飘来，头版的加粗字映入我的眼帘：地心引力的大脑短路了，竟然离家出走！我不禁撇了撇嘴："切，什么嘛，现在才报出来，我们早知道了！"说完，就将报纸掷于千里之外。

"汪——"对面"游"来一只小狗，一看它那泳姿，我的下巴差点儿落在了地上——仰泳，一副惬意的样子。所有人都在享受飞翔的乐趣，刚才还在仰泳的小狗，现在正软绵绵地躺在一棵大树的树冠上。我低头一看，地面上鳞次栉比的高大建筑越来越小，迷人的地球慢慢向我展示她的蔚蓝全貌。身后的星球变得越来越小，散发着冷热不一的气温。我心想：反正是免不了一死，我希望在这剩余的几分钟，能见到宇宙的尽头，此生无憾。

我的呼吸越来越急促，随时都有可能葬身宇宙之中。飘行的速度又快了一些，不对呀，我感觉到了危机的存在。我转过头一看，啊！一块块陨石正飞速向我砸来。我侧身一躲，第一块陨石与我擦肩而过。接着，又飞来几块陨石，我猫腰躲在两块陨石中间的缝隙中，太好了，又避开几块陨石。可明枪易躲，暗箭难防，"啊！"一块小型陨石，不偏不倚地砸在我的肩上。又一块陨石，将我的脚腕擦伤了。滴下来的血，飘浮在宇宙之中，好似绽开了一朵朵瑰丽的牡丹花。

脚腕处的阵阵疼痛，让我趴在陨石上，大口大口地喘着粗气。呼吸真的越来越困难了，我连翻身的力气都没有，根本无力到达宇宙边缘。身下的陨石会将我带到哪儿去呢？一切随缘吧。我绝望地闭上了眼睛。

陨石带着我在浩瀚宇宙中飘流，不知过了多久，我再次睁开眼睛。"我还没死？"四周有些不同，眼前的景物就像水一样，时不时荡起涟漪。我伸出手，轻轻一碰，光照亮整个宇宙。我闭着双眼向光走去，睁开双眼后，来到了另一个世界……

加菲猫的新生活

王若晴

生活越来越好，加菲猫变得肥肥胖胖的，主人为了让他减肥，每天给他定时定量的食物，加菲猫觉得不开心了，便离家出走了。

　　加菲猫在街上漫无目的地走着，突然听到一个叫喊声：好吃的千层面喽！快来买吧！可他摸了摸口袋，里面空空如也，他只好继续往前走，走到一家饭店，门前竖着的一块木牌吸引了他的目光：

　　本店诚聘

　　清洁工：1000/月　收银员：1000/月　厨师：2000/月

　　加菲猫想：工作几天吧，挣一些钱，好填饱肚子。他大步走进去，说："我要当清洁工！"老板娅娅看看他，笑着说："好吧！"加菲猫拿起扫把，可是他连腰都弯不下去，不但没有扫干净地，还把自己累得大汗淋漓。三天过去了，五天过去了……加菲猫干得越来越好，地也扫得越来越干净，还觉得身上很轻松，心情很快乐。他笑了，老板也笑了。一个月过去了，他收到了老板给他的一千元工资。他拿着沉甸甸的第一笔工资，走在路上，许多行人都夸他身材好，竟然还有人给他拍照。来到食品店，他点了自己喜欢的千层面，心想：应该给老板带一些过去，她总是鼓励我！收到加菲猫送的千层面，老板娅娅欣慰地笑了。

011

　　这时，加菲猫想起了他的主人，知道主人是为他好，他要回家了！他把自己的决定告诉了娅娅，娅娅问："你不打算再工作了吗？"加菲猫说："不了，但我会回来看您的！"

　　回到熟悉的家里，加菲猫感到非常温暖，看到主人，加菲猫激动地跳进主人的怀里。加菲猫说："主人，我错了。"主人把他搂得紧紧的。

　　从此以后，加菲猫每天坚持定时定量吃饭，每天帮助主人打扫卫生，身材一直保持得很好。他还参加了选美大赛，得了第一名呢！就这样，加菲猫又过上了幸福、美好的新生活！

自己亦是风景

刘付希

"下个月，我们班会有一个朗诵比赛。希望大家积极报名参加。"年轻的老师清脆、温暖的声音在我耳边响起。

"星星羡慕太阳的光芒四射，太阳喜欢星星的娴静婉约。"优美的诗句恍若山谷里的流水汩汩流出，静悄悄地流进我稚嫩的心田。

"好美的诗句呀。我一定好好加油，争取让老师选我参加比赛！"虽然年纪尚小的我还不太懂得诗句的意思，但我的心里早已充满对朗诵比赛无比殷切的期待了。

然而并不是什么事情都能如我所愿。挑选参赛选手那一天，我奶声奶气、稚气未脱的声音与大家清澈明净、和谐悦耳的声音格格不入。果然，我被老师刷了下去。

"老师，我是不是很差劲呀？"这是我压在心底好久的话，我红着眼圈嗫嚅着问老师。

"不一定，这个世界上有很多很多的人，每个人都是一处风景。但很多时候，我们只看到了别人的光彩，却偏偏忘了，自己也是一道独特的风景。来，老师偷偷给你布置一个小任务。"老师伸出手替我擦去脸上的泪花，笑眯眯地说。

那天放学，我背着书包哼着小调蹦跳着进入小区。往常我从来都不曾注意的柳树竟悄悄地冒出了嫩芽，柔软嫩绿的枝条上点缀着一点一点毛茸茸的葱绿。原来有那么一道独特的风景在我眼前，我却从来没有注意到呀！我常常执着于旅行，却忽略了这身边的生命的萌动。突然间，我好像明白了什么是"星星羡慕太阳的光芒四射，太阳喜欢星星的娴静婉约"。

"你站在桥上看风景，看风景的人在楼上看你。明月装饰了你的窗子，你装饰了别人的梦。"我的耳畔响起了这样的诗句。

我恍恍惚惚地沉醉在这如春日和风般轻快明媚的诗句中。

是呀！不必艳羡他人的光彩，自己亦是一道靓丽的风景！

难以忘怀的事

王文乔

013

那个夏天，天气格外炎热。我坐着母亲的三轮摩托车来到地里干活。才干了一会儿，我已经被炽热的太阳熬干了耐性，丢下手里的活在地头的树荫下玩耍起来，地里只剩下母亲弯着腰拔草的身影。

时间过得飞快，快中午了，我的肚子饿了，便央求母亲回家。母亲听到喊声，便起身拍了拍衣服上的土，往停靠在地头的车走来。等我跳上车，母亲已经坐上车座准备发动车了。她挪正身子，伸了伸腿，试着用脚尖去蹬发动杆，却没有够到。可能是忙了一上午，有点儿乏力吧，她再次伸了伸腿，猛地一蹬，车是发动着了，可是母亲的脚被发动杆割了一道长长的大口子，顿时鲜血直流。母亲立马从车座

风轻轻地吹，我醉了

上下来坐到了地上，用双手捂住伤口，但血又从指缝里流出来，疼得她不住地吸气，嘴里发出"嘶嘶"声。我赶紧从车上蹦下来，却紧张得手足无措。就在这时，我突然想起父亲的一句话：人在遇到困难时不要着急，不要慌张，要保持冷静。我冷静下来，定了定神，赶紧打开车斗，扶母亲坐上车。又脱下上衣，替母亲包住脚，叮嘱母亲按紧伤口。然后开着车，以最快的速度送母亲去医院。

回到家，我把母亲扶进屋里，让母亲躺在床上，又拿了一个枕头垫在她脚下，这样会让她舒服些。忙活完这些，已经到傍晚时分了，我又跑进厨房，想试着给母亲做一顿有营养的晚餐。我打了四个鸡蛋，加了一点儿热水，搅拌均匀，然后放在锅里蒸。不一会儿，屋内飘出一股清香的味道。鸡蛋羹蒸好了。我又放了一些香油，端给了母亲。母亲有点儿吃惊，闻着蛋香，她开心地抚摸着我的头说："孩子，你真的懂事了！"听了母亲的话，我心里美滋滋的，顿时觉得自己长大了许多，懂事了许多！

这件事虽然已经过去很久了，但我还是久久难以忘怀。通过这件事，我体会到了母亲的不容易，同时也为自己能在非常时刻照顾母亲感到自豪。

故乡的琼花

张鑫淼

我对故乡最深刻的印象几乎全部聚于那淡白色的琼花花瓣上，我从未见过哪里的琼花像故乡的一样芳香迷人，它不愧是我们扬州的市花。

我虽不出生于扬州，但长在扬州，扬州也算我的故乡。我对故乡扬州的记忆就是从这琼花开始的。琼花就是我对故乡的印象。

三月初，琼花树开始抽芽。一个个小小的生命就在这不起眼的角落悄然孕育着。春天来了，入眼的是迎春的黄，柳叶的绿，桃花的红。但这淡白的花却无声地在这五彩的画布中占了一角。

四月末，琼花开得最盛。我站在树下仰头看，树梢间白成一片，如雪似玉，在这一片白中又有星星点点的黄点缀着，为淡白的花瓣添几分雅。我伸出手轻抚着淡白的花儿，一点点，一寸寸，从嫩绿的茎一路向上，抚过花瓣，抚过花蕊，感受着花茎的丝丝凉意，感受着花瓣的轻薄柔软，以及花蕊的娇嫩。很难用一种物品的质感来形容这种感觉，如果说它像丝绸，那却是在贬低它，这八片花瓣上可没有丝绸般的光泽，也没有丝绸那种人为的光滑质感，但它却有任何一种织料都无法比拟的轻软，无比自然，这种触感从指尖柔柔地传遍全身，还有一丝袅袅的幽香钻入鼻腔。我微微侧身，这一丝香不是那么浓烈，只是无声地浸染着这方寸土地间的每一缕空气。我站在这一片幽香中，沉醉了。这是故乡的香气！这是故乡独有的景致，是故乡给我的特有的印象。

015

每个人对故乡都有不同的感觉，我对故乡的印象，就定格于这八片淡白色的花瓣之中。或许这琼花在其他扬州人眼里是微不足道的，但它代表了我记忆中的扬州，那个我所认知、熟悉、迷恋的扬州。

月是故乡明，花是故乡美，我从未在他处欣赏过更美的琼花。

"雾入迷途"

朱劲涛

转过三百六十道弯，来到雾气缭绕的庐山高峰，却发现自己已不知不觉处在一个云里雾里的童话世界中了。

雾是那么的轻盈，却不失一点儿神秘感，它像缥缈的素纱一样，笼罩着我们的视线。它无声无息地漫过一切，温柔地抚过每一寸土地，使这儿成为静谧美好的仙境。

风如同一叶扁舟，飘飘荡荡，掺杂着凉雾，洗涤着我们混沌的心灵……我们"雾入迷途"，一路摸索着雾气，踏上神秘的旅途……

我们"飘"到了美丽的如琴湖边，一股清风扑面而来，裹挟着变幻莫测的云雾，沁人肺腑，一缕一缕地抚过我们的脸庞，转瞬即逝。在风与雾飘飞和飘落的一瞬间，我们似乎听到了庐山渐近渐远的心跳声……

我们如痴如醉，好不容易才从这个纯净的梦幻中清醒过来，才想起要好好欣赏一番如琴湖的美妙景色。放眼远眺，首先映入我们眼帘的是如琴湖那一汪清澈的碧水，一眼就能看到湖底，天上朦胧的云雾忽聚忽散，映在碧波荡漾的水面。在风的吹拂下，水面时而静，时而泛起涟漪。过了许久，我才真正地领悟如琴湖多么像庐山清澈的眸子，不知疲倦地仰望着天空……

雾如雪白的梨花，有着旺盛的生命力，怒放着，又像一滴奇特的白色墨汁，滴在生宣纸上，悄悄地漫开来……

转过身去，只见一道寒光直刺苍穹，直逼我们的眼球。这寒光穿透了千万层云雾，引诱着我们。我们都像受了磁力的作用，来到了那神奇的亮光前，端详一下，发现前面就是悬崖峭壁，闪着令人毛骨悚然的寒光，而下面就是深渊。对面是峭壁，貌似一座残缺的断桥。确实如此！当年敌军追捕朱元璋，朱元璋被逼得无路可逃时，面前的悬崖出现了一座桥，他立刻带领军队过桥逃走。敌军上去追赶，桥却轰然倒塌……这就是"断桥"的由来。苍松露出沧桑的容颜傲然挺立在天地之间，向我们默默地诉说，悬崖怪石嶙峋，云雾飘飞着，萦绕在我们的身旁，我们仿佛身临其境。

夕阳西下，太阳的余晖突然变得流光溢彩，这五彩缤纷的色彩晕染了云雾，云雾宛如一触摸就会退却的幻象，渐渐地退下山去。一轮红中带黄的夕阳清晰地呈现在我们眼前，山下的雾似一条长河，极慢地流动着，又如已经停息的海面上洒落了一大片碎金。时光像是被冰冻而凝固住了，减缓了流逝的速度……

017

是雾！是它用神秘的魔力陶冶我们的心田，使一切都清晰神秘地映在我们心中！

保汤卫肉

李　佩

"保家卫国"，大家都应该听说过吧？嘻嘻，今天我和爷爷可是在"保汤卫肉"哦。

　　事情是这样的：我中午放学一回家，奶奶已煮好了一锅肉。对我这种"吃肉不眨眼"的肉疯子来说，对此当然不能放过了。我馋得口水直流三千尺了，拿起筷子就朝锅里的肉夹去，好像饿虎见到野兔一般。"好痛！"我大叫一声。原来，我被来历不明的飞行物——橡皮打中了。我环顾四周，只见门口站着号称"神射手"的爷爷。我没太在意，继续享受起来。这时，爷爷破口大骂："你这小子，这么胖，不减肥是你犯的第一罪，你现在还在这里吃肉，这是第二罪，最不可饶恕的是第三罪，你吃肉竟然不叫我！"我吓了一大跳，立马知错就改，无比诚恳地弯着腰，连忙说："请，请，老爷，请上座！"爷爷见状，心满意足地凑了上来，可我还是死性不改，使出"夹肉必杀技"——幻影魔筷。"YES！"我大声欢呼道。谁知这时，爷爷也模仿我的绝技，而且还使出双重功力，我顶不住了，只好"挂菜"了。

　　我继续等待，围着锅转，爷爷吸取了教训，决定使用"人盯人战术"。我继续转，好似一只对刺猬无从下口的黄鼠狼。待爷爷稍一松懈，我就眼疾手快，一次夹一块，一次夹一块，爷爷见了满心焦急，守得更加严密了。

　　就这样，十分钟，二十分钟……直到我与爷爷都已筋疲力尽，这场"保汤卫肉"的战争才正式落下帷幕。

明天的我

朱俊豪

假如明天我有时间，我一定要去做许多事情，许许多多有意义的事情。

我要去山林里看望我的老朋友，不坐车，不邀游伴，也不带什么礼物，就带着满满的好心情，踏一条幽径，独自去探访我的朋友。

那座古桥，是我要拜访的第一个老朋友。啊，老桥，你如一位德高望重的老人，在这河水上站了几百年了吧？你把多少人马送到对岸！滚滚河水流向远方，你弓着腰，俯身凝望着水中的那人影、鱼影、月影。岁月悠悠，波光明灭，泡沫聚散，唯有你依然如故。

走进这片树林，鸟儿呼唤我的名字，露珠与我交换眼神，每一株树都是我的知己，它们迎面送来无边的清凉，每棵树都在望着我。我靠在一棵树上，静静地，仿佛自己也成了一棵树。我脚下长出的根须，深深地扎进泥土和岩层，我的头发长成树冠，我的胳膊变成树枝，我的血液变成树汁，在年轮里旋转、流淌。

这山中的一切，都是我的好朋友。我热切地跟他们打招呼：你好，清凉的山泉！你捧出一面明镜，是要我重新梳妆吗？你好，汩汩的溪流！你吟诵着一首首小诗，是邀我与你唱和吗？你好，飞流的瀑布！你天生的金嗓子，雄浑的男高音多么有气势。你好，陡峭的悬

019

风轻轻地吹，我醉了

崖！深深的峡谷衬托着你挺拔的身躯，你高高的额头仿佛充满了智慧。你好，悠悠的白云！你洁白的身影让天空更加宁静，变得更加湛蓝。你好，淘气的云雀！你叽叽喳喳的，在谈些什么呢？我猜你们津津乐道的是飞行中看到的好风景。

捡起一朵落花，捧在手中，我嗅到了大自然的芬芳；拾起一片落叶，细数精致的纹理，我看到了它蕴含的生命的奥秘。在它们走向泥土的途中，我加入了这短暂而别有深意的仪式，捧起一块石头，轻轻敲击，我听见远古火山爆发的声浪，听见时间的隆隆回声。

假如明天我有时间，我还要去听听雨的声音。跟着那一阵阵湿润的山风，跟着那一缕缕轻盈的云雾，雨，悄悄地来了……我听见它的声音，从很远的山林里传来，从很高的山坡上传来——沙啦啦，沙啦啦…… 像一曲无字的歌谣，神奇地从四面八方飘然而来，并且逐渐清晰起来，响亮起来，由远而近，由远而近……

雨声里，山中的每一块岩石，每一片树叶，每一丛绿草，都变成了奇妙无比的琴键，飘飘洒洒的雨丝是无数轻盈柔软的手指，弹奏出一首又一首的小曲，每一个音符都带着幻想的色彩。

假如明天我有时间，我一定要去发现更多更多的美……

和孙悟空比本领

张雨婷

最近功课很忙，我唯一的愿望就是进入梦乡甜美地睡一觉。忽然，传来梁老师兴奋的声音："同学们，孙悟空要来咱们班了，你们拿出自己的看家本领和它比试比试吧！"

梁老师话音刚落，教室里顿时金光闪闪，孙悟空驾着祥云已破窗而入，一通金箍棒舞过，班里立刻彩云飘飘。同学们的欢呼声一阵高过一阵，孙悟空得意地对梁老师说："都说你们班同学厉害，谁敢跟我比一比？"获得数学一等奖的张凯伦起立说："大圣，听说花果山的仙桃正在促销，32元买一箱，60元买两箱，我们班班费有220元，你最多能卖给我们几箱？"同学们异口同声地催："大圣快回答！"只见孙大圣痛苦地捂住头，大喊一声："这题怎么那么难？让我的头像是被念了紧箍咒一样疼。"这时大班长站起来说："这还难呀？60元买两箱，220元里有3个60元，就相当于能买6箱，余下40元又能以32元买一箱，一共可以卖给我们7箱啊。"看到神通广大的孙悟空露出佩服的样子，同学们高兴得手舞足蹈。

看！有小舞蹈家之称的周恒悦在翩翩起舞了，孙悟空看了连连称赞："好美的舞姿呀！"说着也不由得学着跳起来，结果脚也崴了，腰也扭了，脖子还被抻了一下。同学们被他逗得哈哈大笑。

021

孙悟空跳到笑得最欢的索浩洋面前，说："你这么胖，有本事你跳个舞给我看看！"索浩洋笑着说："我有绝活儿！"说着让同学把古筝搬出来，悟空一看愣住了，奇怪地问："这是什么兵器？"然后用金箍棒也变出一架古筝。看到索浩洋双手熟练地拨动琴弦，琴声如行云流水悦耳动听，孙悟空也用两只毛茸茸的手在琴弦上拨来拨去，可是却总也拨不成调子。它拔出毫毛变出好几只手在琴弦上忙活，仍然没出现美妙的琴声。孙大圣只好羡慕地看着索浩洋的手，连称神奇。

这时，仲阳画了一幅孙悟空的画送给他，没想到孙悟空一见就急了，指着画大叫："你这六耳猕猴，上回变成我的模样惹尽事端，让人真假难辨，如今又敢冒出来！"说着举起金箍棒就要打，仲阳灵巧地躲开说："这是我画的画儿呀！"同学们也跟着帮腔说："仲阳画什么都栩栩如生，获过一等奖呢！"

咦，孙悟空怎么不见了？有同学眼尖说："孙悟空飞到天空上去了。"同学们跑到窗前喊："大圣快回来，还有好多同学的本事你还没领教呢！"大圣在天空中回话说："你们这些娃娃的本领太厉害了，俺老孙要回天宫学本领去了，来年咱们再比试吧……"

"假如孙悟空来到我们班"，虽然是一场有趣又神奇的梦，但是我们班同学精彩的才艺和本领让很多人赞叹不已，可是真的哦！

踏着星光去远行

陈益彰

022

"没有比行动更美好的语言，没有比足音更遥远的路途。"我曾经在无数个白天和黑夜，勾勒出自己行走的姿态，从原野到山村，从山川到河流，从城镇到都市。在行走的过程中，寻找自己快乐的成长足迹，丰富自己刻骨铭心的记忆。

拨开时间的迷雾，我回到了那个夜晚，那是个月明星稀的夜晚。这是我第一次走夜路回家，平日里喜欢听鬼故事的我，在这个夜晚，心中不禁多了几分胆寒。我强忍着心中的恐惧，迈开了第一步，瑟瑟的寒风，拂过我的脸庞，让我感受到了一丝别样的寒意。

小巷里，空无一人，平淡而又孤寂。眼前那一盏盏幽光四溢的路灯，好似黑暗深处令人毛骨悚然的鬼火；白天还那么娇艳、芬芳的朵朵鲜花，如今却好像一双双从地狱里伸出来的"魔爪"，朝我发出诡异的微笑；那一声声有力的虫鸣声，更是犹如满身伤疤的重病者一阵阵无力的哀号……我心惊肉跳的在小巷里用尽全力地狂奔。原本感觉短短的路程，在这个夜晚却变得无比漫长。

我在心里开始说服自己：世界上不可能有鬼的，要是有的话早可以看到了！可我内心的另一面却无法说服自己，心跳得更加猛烈，眼里只有恐惧。"扑通，扑通！"我的心已经跳到了嗓子眼。慢慢地，我开始习惯了这个黑暗的夜晚，发现路愈走愈远，心愈走愈轻。

仰望夜空，月亮是那么皎洁，犹如悬挂在天际上的一块白玉，为大地洒下一束束柔和的月光。明星映衬着它洁白的躯体，使它在夜空中更加圣洁。此刻，一切都是那么和谐，那么宁静，一切都醉了，我也醉了。我似乎已经完全超脱了夜晚的恐惧，融入这个黑夜之中。此刻的夜仿佛只剩下一个夜，一轮月，一个我，一个梦！而我早已沉醉在这宁静的夜晚！我一边欣赏着夜空的美景，一边哼着小曲，在陶醉中不知不觉地走到了家门！从这次的亲身经历，我学会了自立，我的心灵进行了一次别样的境界之旅。

没有风雨的洗礼，就没有花儿的娇艳灿烂；没有海浪的打击，就没有礁石的千奇百态。外面的世界很博大，未来的路悠远又漫长，我要携带着自强自立的行囊，用现实的残酷来磨炼自己，并坚定地告诉自己：越过这座山，前方便是胜利的彼岸。

夏天是什么颜色的

蔡俊伟

夏天是红色的。"接天莲叶无穷碧，映日荷花别样红。"你瞧，那一朵朵粉红色的荷花犹如披着轻纱的仙女在湖中沐浴。娇羞欲语，盈盈欲滴，随风飘来清香阵阵，沁人心脾。有的蓓蕾初绽；有的含苞欲放，花骨朵像火炬似的高高伸出；有的竞相开放，露出娇嫩的小莲蓬。

夏天是绿色的。夏天里，世界被热情的绿色包围了：大树小树绿绿的，草地也是绿绿的。榕树高大挺拔，抬头仰望，一树鲜绿的叶子在阳光下闪着光，展现出无穷的生机。法国梧桐和榕树一样高大，也是一树碧绿，它们向四周伸展的树枝上，手掌似的绿叶密密麻麻，给校园留下一片片的阴凉。如果说榕树是威武的卫士，那么梧桐树则是绿色的大伞。还有许多其他的树木，都充满活力，展现出一树的翠绿。

夏天是白色的。苏东坡在《赤壁怀古》中写道："乱石穿空，惊涛拍岸，卷起千堆雪。"大海里的浪花简直就像大片大片的棉田，白花花的一望无际。一些顽皮的孩子，不管三七二十一，甩掉鞋子，从妈妈手里抢过救生圈，光着脚丫欢呼着扑向大海的怀抱。

夏天是黄色的。稻田里一片金黄，远看真像铺了一层金色的地毯。稻谷颗粒饱满，压得茎秆都弯下了腰，忽然一阵微风吹过，稻穗仿佛在和人点头致意。不用说，今年一定又是一个丰收年。

夏天是蓝色的。雷雨过后，河水在静静地流淌。我抬头仰望，碧空如洗，天蓝得让人心醉。

长辫子垂柳姑娘

卢晨曦

这会儿，我又静静地躺在柳荫下的草丛中，望着细碎的日影，听着小麻雀的歌声，陷入了无限的遐想之中：如果我是一棵柳树该多好啊，能让人们在树下乘凉；如果我是一只小蚂蚁该多好啊，能在洞里忙碌，能爬上爬下……

我静静地瞅着头顶的柳树，它的每一片树叶，透着浓浓的绿，我看到了它精致的纹理，看到了它蕴藏的生命的奥秘。

微闭双眼，我也变成了一棵树呢。我的头发变成了树的枝叶，胳膊变成树的枝条，身体变成树干，脚丫变成树根……

我看到了小蚂蚁忙碌的身影，它吃力地搬着大过自己身体两三倍的食物，行色匆匆地往回赶。我看它搬得太吃力，想拉它一把，便说："小蚂蚁，你好。""你好，柳树姐姐，哦，天不早了，我得赶快回家了，再见。"小蚂蚁彬彬有礼地回答。"或许，我可以帮你一下。"我让小蚂蚁走近点儿，把一根枝条伸到它面前，让它爬上来，小蚂蚁紧紧地护住食物，说："好了，柳树姐姐，开始吧。"我请微

风轻轻地吹，我醉了

风阿姨帮忙，她轻轻地吹风，把小蚂蚁送到了家。小蚂蚁连声道谢，还请我和微风阿姨去洞里参观。我们在洞里又结识了许多朋友，它们各自有各自的工作，洞里也收拾得井井有条，没有一处是空闲着的……

　　一片树叶落下，正好落在我的肩头，叫醒了我。就在这时，我真的看到了我帮助过的那只小蚂蚁。我冲它微笑，可它还认得我吗？

枯 叶 蝶

陈　好

026

　　我很喜欢枯叶蝶。

　　那是一个有着阳光的清晨，我蹦蹦跳跳地走在林荫小道上，突然眼前一亮，几缕斑斓的颜色吸引了我。定睛一看，是一片树叶，叶脉、叶柄比叶片颜色深，显得脉络分明。走近再看，原来是枯叶蝶——有着深深的花斑，像一圈一圈的水波纹，在阳光下荡漾开来。不仔细看，以为就是一片干枯的树叶，真是一个伪装得天衣无缝的家伙。若不是那阳光下折射出的斑斓，我一定是无法发现的。

　　这只枯叶蝶似乎很疲惫，大概是只老年的枯叶蝶吧！它没有发现我，我望着它，有点儿心酸。

　　它可能一直蛰伏在这树上，它可能很久没有飞翔了……当春暖花开时，无数只艳丽优雅的蝴蝶在花丛中翩翩起舞，为了生存，不至于被人们制作成蝴蝶标本，它宁愿自己是一片默默无闻不引人注意的枯叶。

但我想，一株小草的梦想是染绿一方土地，一只雄鹰的梦想是搏击万里长空，而枯叶蝶，也一定梦想在阳光下自由地飞翔，自由地舞蹈。

也许，上帝创造了这个世界，是希望人与自然可以和谐共处，因为人和自然是平等的，没有高低上下之分。每个生命来到这世上，都值得我们尊重。

阳光下，我将枯叶蝶轻轻地捧在手上，用充满爱怜的目光抚摸着它，轻轻地说：去吧，去花丛中，去绿草上，那才是你的舞台。

我仿佛看见，一只五彩斑斓的蝴蝶，在天空中自由自在地飞翔……

太 阳 雨

吴 越

早饭后，阳光正暖，外婆在家门前的空地上晒起了麦子。阳光下的金色麦子，更加耀眼了。

晌午，雨来得突然。先是一两滴飘在脸上，继而便像断了线的珠子似的，越来越多。真下雨了。

我们投入了紧张的"抢救"中——麦子在淋雨！外婆眼疾手快，拿了一把笤帚和一个簸箕，冲出门外，先扫后畚，将一堆麦子"救"进麻袋。我和姐姐也拼命地保护麦子，奋力工作。不一会儿麦子全被

风轻轻地吹，我醉了

抬进了屋，我这才松了一口气，欣赏雨景。

外面的阳光还是那么灿烂，空中却飘着雨丝，我不禁感到疑惑：哪有大晴天下雨的啊？天空中那棉花似的云层上分明挂着一个火红的太阳，可伸出手，却清晰地感受到雨点落在手上。嘀，这就是太阳雨啊！

坐在屋里，我倾听雨点落在雨棚上的声音，是那么和谐，那么美妙。滴——答——滴——答——宛如一双无形的手在雨棚上弹奏一首动人的小曲，雨点儿便是一个个跳跃的音符。

雨停了，屋后，外婆的菜园子焕然一新。茄子经过雨水一淋，紫色的长袍仿佛更加晶莹透亮了；那红中带青的西红柿，鼓起了腮帮子，雨水让它变得更漂亮娇艳；还有那细细长长的黄瓜，青绿的衣裳，一看就让人忘却烦恼，舒心展眉；南瓜横七竖八地躺在地上，又黄又绿的外套，经过雨水的冲洗，黄得更黄，绿得更绿。菜园子里每一片菜叶子上都落满了大大小小的水珠，水珠随风滚动，叶子绿得发亮。

微风吹来，雨后泥土的气味迎面而来，空气中回荡着青蛙的叫声。

屋檐上垂直落下一颗颗滚圆的水珠，打在屋檐下的绿叶上，发出一声声清脆的音响——

滴——答——滴——答——

仿佛是这场太阳雨的余韵。

太阳依旧灿烂地照着大地。

茉莉花开

　　一朵花开了，鲜黄鲜黄的，像个小喇叭，幽幽的清香从喇叭口散出来，闻着特别舒服。然而，到了十点钟以后，光线变强，小喇叭就开始收缩，变得像个小拳头。

快乐拌黄瓜

杨林祎

　　"给我点儿醋，拜托啦！再给我点儿盐。""没问题……"听，这是什么声音？哦！原来五（4）班的同学们正在做凉拌黄瓜哩！

　　昨天，郁老师便要求我们带上黄瓜、盐、醋等材料，现在是我们大显身手的时候了。同学们都洗好了手，把材料全都拿到了桌上，万事俱备，只欠东风了。

　　郁老师一声令下："开始！"顿时，教室里炸开了锅，同学们忙得不亦乐乎。先来看看我们组吧。我拿着蒜小心翼翼地剥着，剥到最里层时，一股刺鼻的味道直钻我的鼻孔，手指甲也有些疼痛，我忍着。为了保证黄瓜的新鲜入味，我们要把它"脱水"。首先要在上面撒一小勺盐，用手灵活地在碗里翻来翻去，然后均匀地把盐撒到每一片切好的黄瓜上。接下来，就要用水洗盐了，范振阳像兔子似的跑到水池边去洗黄瓜。被冲洗过的黄瓜显得容光焕发，像一片片绿莹莹的树叶，好看极了。正当我们准备进入下一步时，突然听到一声"呀"的叫喊，原来是另一组的杜家睿还没有等用水把盐冲洗掉，就迫不及待地把黄瓜放进了嘴里，结果咸得她直吐舌头，可真是一个小"馋嘴"，同学们哈哈大笑。你瞧，她那小嘴正不服气地嘟着呢！

　　放调料可是最关键的一步。我们组四个人集中精力，凝神盯着马上就要"沐浴"调料的小黄瓜。只见范振阳拿着麻油瓶，在碗里轻轻地放了几滴麻油。我十分慎重，把盐倒了点儿在手上，用手四处撒着盐，然后又浇了点儿醋，范振阳边调边拿起一块尝尝，美滋滋地说："真好吃！看来我的手艺不错！"杨康听了，也拿起一块放进嘴里，不禁赞扬道："这真是美味呀！"说着，舔了舔嘴巴。我和姜爱阳两个女生不信，就半信半疑地尝了起来，谁知，我们俩吃了直摇头。"不好吃！"我皱着眉头说，姜爱阳也附和道。"瞎说。"范振阳立即反驳，趁他们不注意，我又在碗里加了些糖，这下味道应该不错了，我心里得意地想着。

　　这时，"美食家"郁老师来评价了，她先把我们的"佳作"拍了下来，接着夹起一片黄瓜放入嘴里边嚼边说："不错，就是偏甜了些。"听了老师的评价，我们每个人脸上都露出了快乐的笑容。不断有人来品尝，我们的心里都喜滋滋的，觉得很有成就感，很快，食物就被抢光了。

　　咦，周志龙的座位旁怎么围了一群人啊？让我们去看看吧！哦！原来周志龙的黄瓜太好吃了，他用好几种材料做成了一种调味料，那真是美味飘千里啊！瞧，就连办公室的老师都闻香前来品尝了！

遇龙打水仗

将炜婷

　　我们来到了桂林阳朔的遇龙河，打算来一次有惊无险的"漂流"。漂流少不了打水仗，我们买了几支抽水式水枪，又备了一只瓢，我和妈妈一组，大家陆续上了两人竹筏。

坐定之后，谁将成为我的攻击目标？我正在四下搜寻，却被眼前的景色迷住。两岸群峰拔地而起，群峰倒映在河中，更衬托出这山水之美。碧绿的河水缓缓流淌，河底的鹅卵石清晰可见。……

突然，几柱水向我射来，竟然有人偷袭。我举起水枪准备还击，偷袭者却开始内讧，互相射了起来。一艘撤离"战区"的竹筏靠近我们，看到他们身上湿漉漉的，我忍不住笑了。

"十步之遥用水枪，一步之内使水瓢"，我想起自创的口诀，连忙让妈妈发动攻击。妈妈舀起一瓢水使劲儿泼了过去，没等他们回过神来，我又用水枪射击。呀，两只"落汤鸡"的双眼燃烧着怒火，两支水枪同时向我们开火，终究距离太远，一滴水也溅不到我们身上。他们虽然无可奈何，但却声嘶力竭地高声喊着："你们等着，好戏还在后头呢！"

我一边朝他们做着鬼脸，一边迅速撤离了危险地带。我远远地看见他们对船夫耳语，定是让他划快些追上我们。果然，他们的竹筏离我们越来越近，双方开始用瓢泼水，激战了片刻，便戛然而止。原来他们打得兴起，把瓢弄坏了，真是天助我也！不想，他们又改用水枪，不停地向我们射击。几个回合下来，他们才落荒而逃……

我们虽然浑身湿透，心里却高兴极了。不过，我们也吸取了教训，下次来遇龙河，还得多带两套衣服。

与难题过招

饶普章

作为一名学生，经常和各种各样的题目打交道，或易或难。

最近的数学课，数学老师又派遣了重兵来攻打我们脆弱的脑细胞，此处的重兵就是我们的头号敌人：因式分解。

在我们班中，不少人因此被弄得头脑发胀，思维短路。但我却过五关、斩六将，直接"擒王"，也就是"应用"。在学会了各项技能后，"应用"还是一个关键，在此，我遇到了前所未有的挑战。

放学回家，原本在客厅休息的时间变成紧闭房门后的冥思苦想，原来的书房变成了战场。当我执起笔时，两支军队已经准备征战了。时间飞逝，两小时后，草稿本上写满了算式，我却仍然没有头绪。面对排列如此紧凑的敌阵，我无从下手。反而，这一个个的数字像一张张面孔，对我的无能表示嘲笑。我不能忍！我去厨房搬救兵，但是妈妈看到这样的题目也束手无策了。这可怎么办？我盯着这一串数字绞尽脑汁，突然，从中看出了一个熟悉的影子。对了，就是"配方法"！

我手握这套来之不易的武器，向敌人再一次冲锋。这一次，虽然不像想象中一般快捷，但至少将其击败了。我长舒一口气，不容易，但我觉得还不够，武器必须要"升级"！这意味着我还需要不断进步，才能取得新进展。

虽然这只是一道难题，但它却指引着我们进步的方向！

记录一处美景

叶程波

034

行走在小岛的一座小桥上，小桥两旁，是清澈平静的湖水，远处有一座大坝，大坝外面，就是大海了。湖面上，几位游客正悠闲地划着船，桨在湖面上划过，激起一道道波纹，天还没完全黑，岛上的灯却早早地亮起来了。一转头，便与晚霞打了个招呼。

我从没见过这么美丽的晚霞，地平线上，一片淡淡的红光，那么柔和迷人。晚霞上空挂着一轮新月，天空呈现出暗暗的紫色。太阳已经完全落下去了，远处的海面上，几艘渔船正在打着灯工作，星星点点的。我迅速掏出相机，记录下了这美丽的景象，恐怕这景物，也只有在这小岛上，才会出现吧。

我缓缓地向前走去，不知不觉中就到了沙滩上。几只海鸥在天空中飞翔，盘旋着，远处传来了几声呼唤，我转过头一看，是一位老者。这位老者衣着十分朴素，一件老旧的衬衫，一条补了好几个补丁的裤子。脚上套着一双破旧的凉鞋，虽然现在仍保持着夏日的气息，但阵阵海风吹来，还是十分冷的。老者的脸上满是皱纹，一双布满老茧的手，一看就知道是个渔民。那几只海鸥听到了呼唤，便急忙扑腾着翅膀，飞到老者身边，叫唤着。老人慢慢解开一个麻袋，里面放着几条新鲜的鱼。他把鱼一条条地放在海鸥面前，亲昵地说："吃吧，快吃！"海鸥似乎听懂了老人的话，欢快地啄食着鱼。啄食完一条，老人便又拿出了一条给海鸥。

听老人介绍说，他的儿子都进城里工作了，自己在岛上每天打打鱼，打完鱼就卖鱼。日子虽然过得清苦，却也十分悠闲。于是每次打完鱼后，就将几条鱼放在沙滩上，呼唤着海鸥来吃。起初那几只海鸥并不怎么大胆，后来就越来越大胆地来吃鱼了，与老人的关系也越来越亲密。

"感觉这几只海鸥挺聪明的，过来给它们喂喂鱼也挺有趣的。"老人笑眯眯地看着海鸥，说着。那笑容，在他满是皱纹的脸上，格外灿烂。我看着海鸥，也笑了。

临走时，我将老人、海鸥与晚霞一起拍了下来。这张照片，不仅记录着美丽的晚霞，也记录着那位老者淳朴的生活以及与海鸥之间深厚的情谊。

我路过了一处美景，就把它记录在了底片里……

那味道，终于可以再次品尝了

李纳米

在上小学四五年级的时候，我最快乐的事就是每周都可以吃一次妈妈从一家小炒店中买来的鱼香肉丝，那个味道，太美了！

小学六年级时，我家从焦作搬到了南京。

可是，江南的鱼香肉丝，是以笋为主要食材，辅以少量的肉片和佐料炒成的。我不爱吃笋，总觉得蔬菜没有肉香。食材的不同也许是因为地域不同吧，似乎，秀气的江南连食材也带了几分秀气，只有在豪气厚重的北方，才以大量的肉片为食材，吃完畅快淋漓，叫人大呼过瘾。

这一次，我重返故乡，终于可以再次品尝那美味的鱼香肉丝了。

端上桌的鱼香肉丝，让我有几分感慨。以往总听大人唏嘘时光变迁，看他们对未曾改变的老事物分外珍惜，年少的我心中总有不解，对这种情感也很陌生。现如今，回到故乡河南焦作，我也算得上半个惆怅客了。

桌上的这盘菜，如久别重逢的老友！我们面对面，无须言语，但凭这色、香、味，便勾起了所有的相思、牵挂。听闻现在这厨师依旧是原来的师傅，我心中有多少难以言说的宽慰！真好啊，先尝尝菜吧！

我向来最喜吃肉，先夹一条细长又粉嘟嘟的肉。这肉沾上鲜辣又不油腻的汤汁，放入嘴中，轻轻地一咬，肉就化作一股辣汤融化在舌尖，然后，这股钝钝的辣劲儿开始四处乱窜，冲进各个齿缝。顿时，口腔里有肉的鲜味和木耳的醇香，以及青、红辣椒的略有刺激的辣味，让舌尖一瞬间感觉到了辣椒那并不粗暴的温柔抚慰。这更加勾起了我的食欲，吃了一口还嫌不够过瘾，一定要不停地动筷子，好好满足一下舌尖的欲望才罢休。要知道，我小的时候，一份鱼香肉丝常常够我吃三顿呢！

真过瘾啊，终于再次吃到了记忆中的美味。不舍的，还有对故乡依依的情怀。

麦田守望鸡

孙启睿

我的老家门前有一块田地，田里春天碧绿，秋天金黄，寂静又美丽。然而，这农田的寂静，却不时被一声声悦耳的鸣叫打破。远远的，那叫声听起来就像是"咳——哆——啰"，有时则像"咯——咳——咯"。奶奶望着田里那些移动的黑点，告诉我，发出鸣叫声的是野鸡，又叫山鸡，是神话故事里凤凰的原型。

从我小时候开始，这些山鸡就在我家田地里转悠，每次我一听到叫声，就会立马冲出门外，跑到田里去。那些山鸡离我很远，大部分都在埋头觅食，有几只抬起头看看我，然后大叫一声，又低下头。遇到这种情况，我的好奇心会促使我去找它们的麻烦。我猛地向它们冲去，而它们则会像遇见黄鼠狼一样四处逃窜，速度飞快，我只觉眼前彩色光芒一闪，那些山鸡就没了影。几秒钟后，谷堆后便冒出一个小脑袋，开始扬扬得意地引吭高歌。

记得有一次，我正在午睡。突然，"砰"的一声巨响将我惊醒。响声来自阁楼，我想："会是什么东西呢？去看看！"于是便踮起脚尖，悄悄地走上通往阁楼的楼梯，走到转角处，我拿了一把玩具手枪，猛地一转身踹开了门，发现自己的脸和一张长着雷公嘴的脸只有几厘米的距离。原来是山鸡不小心自投罗网，飞到家里来了。

我大吼一声，飞快地把门关上，这不速之客休想逃出去了！我仔细地打量着它，它歪着头盯着我看了一会儿，然后开始愤怒地发出极速的"咯咯"声，并扑打着翅膀横冲直撞。爸爸和爷爷闻声赶来，合力抓住了这只山鸡。

说实话，这只山鸡确实挺漂亮的：乌黑的圆脑袋，眼睛周围有一块大大的红斑，身上的毛柔软地贴在背上，两只鸡爪小巧玲珑。最有特色的就是它的尾巴了，那翠绿的双翅后，有一束鲜花般长长的尾羽，上面缀了几道虎皮纹理，使它显得格外光彩夺目。

我正啧啧赞叹，它却冷不防用爪子抽了我一巴掌，及时逃走了。谁知螳螂捕蝉，黄雀在后，奶奶一个箭步冲过去抓住了它。看着山鸡那被抓后的可怜模样，我请求奶奶放了它，让它回到大自然中。

从此以后，经常有山鸡成群结队地在老家门前的田野里唱歌，仿佛在感谢我们的不杀之恩。青色的麦田，映着五彩的山鸡，一幅优美的画卷印刻在我的心里。

038

人 生 问 题

李楚涵

趴在桌子上打盹儿的我，脑袋里突然冒出了几个问题。想着想着，我来了精神，一个鲤鱼打挺，就开始奋笔疾书。

读书、学习的意义是什么呢？我思考着第一个问题。想着想着，大大小小的电视剧钻进我的脑海里。正当我要把它们赶出去的时候，千篇一律的情节出现了，父母埋怨儿女道："你小时候不好好读书，到现在都找不到工作！你看人家×××，都当了××企业总经理了！"我茅塞顿开，写下"找到好工作"。但学习的意义仅仅只是这么简单吗？我想起了书上看到的那些著名人物——想到做一个有智慧的人，就想起了诸葛亮；想到做一个品德高尚的人，就想起雷锋来。想来想去，我绞尽脑汁，却再想不出什么著名人物了。但我又想起了身边的人，例如妈妈，在我眼里，她是一个善良孝顺又乐于助人的有素质的人。还有爸爸，他热爱运动，开朗乐观，是个积极工作、乐观生活的人。我把这些品质整理简化了一遍，写下"做一个有智慧、有品德、有素质、乐观开朗、积极向上的人"几个字。

　　人生的意义是什么呢？我的第一反应是赚钱。可是赚钱是为了什么呢？我咬了咬笔头，思考片刻，豁然开朗，赶紧写下"活得快乐、幸福"。因为赚钱是为了花钱，花钱是为了买自己喜欢的东西，而这就是为了使自己在人生短短几十年能过得快乐、幸福。这就是现阶段我理解的人生的意义。

039

　　我的目标是什么呢？我不假思索地写下"当老师和业余作家"。这是我一直坚持的目标，不容更改。

　　幸福是什么？我觉得家庭和睦、美满是最大的幸福。

　　人生问题是值得回答的，人生问题也是值得探索的。

猪槽的变迁

邢云哲

　　我——一个石猪槽，本是一块纯天然的石头，有着坚硬的质地，青灰的色泽，诞生在一把铁凿之下，至今身上还留有深浅不一的凿痕。工匠把我凿成圆圆的模样，但我依然体态笨重，以致主人不得不给我套上粗粗的麻绳请人将我抬到家里。

　　我身份卑微，上不了主人家的厅堂，只能待在臭烘烘的猪圈。与我一同居住的还有锄头、铁犁等沾满泥巴的劳动工具。但是，主人对我们寄予厚望，不，简直是把一家人生活的全部希望都寄托在我们身上。

　　我见证着主人一家的勤劳与简朴：他们每天日出而作，日落而息，身上常常沾满泥巴，经常汗流浃背了还在劳作，但是他们一日三餐从不忘记给家里的猪喂食。猪食是主人一家吃剩的饭菜拌着粗糠，菜都是自己辛勤种植的，几乎不见荤腥儿。每餐随着"哗啦"一声，猪食落槽，猪应声而来，"吧嗒吧嗒"开始进食。此刻的主人总是笑容满面，目光中充满了满意与希冀：快吃吧，吃了长膘好卖个好价钱，让一家人过个丰收年……

　　日复一日，年复一年。猪圈里的猪来了又走，猪食也悄悄地发生了改变，荤腥味渐浓。主人倒食也不像从前那样小心翼翼——生怕溅出一点儿而浪费了猪食。

终于有一天，我被彻底冷落了。主人不再养猪，我也被弃置在墙角的屋檐下了。

淡出人们视野的我终于在主人孙子回来后引起了人们的注意。小主人说："妈妈，这个石头鱼缸真好看！"主人见孙子喜欢，便将我送给了孙子，随后我被带到城里，放在了别墅的花园里。

花园里绿树成荫，鸟语花香，我被放在小径旁显眼的位置。这次我所盛放的不是黏稠的猪食，而是澄澈的清水，灵动的金鱼在我的怀里游动，荡起的阵阵涟漪与我那深浅不一的凿痕碰撞后在明媚的阳光里闪闪发光。我以自己独特的形态为小主人赢得了不少赞扬，人们总是在谈论着我，我渐渐重新回到了家庭的中心，而且登上了大雅之堂，成了"艺术品"。曾经一凿凿将我雕刻成型的老工匠肯定想不到我的身份竟还会有如此转变。

猪圈到花园，猪槽到鱼缸，农村到城市，我的身份不断地改变着，主人家里的变化也被我看在眼里，是生活条件的不断改善让我有了如此变化。尽管失去了最初的功能，我却被赋予了全新的定义！不知道我的明天会是怎样一番面貌？

再去海边看看

龚柳伊

每当我看见美丽的风景时，都会忍不住赞叹。可是，真正使人不能忘怀的风景又有多少呢？在我的心底有一处风景，虽然很普通，但它在我心目中胜过无数美丽的风景。那就是——海。再去海边看看，就成了我的一个梦想。

我会这么想，是因为一个炎热的夏天，妈妈带我去看海。我隐隐约约地听到了海浪翻滚的声音，仿佛已经看见了那美丽而动人的风景。我把背包交给妈妈，就立刻朝着发出海浪声的地方跑去。"晚风轻拂澎湖湾，白浪逐沙滩，没有椰林缀斜阳，只是一片海蓝蓝……"哼着这优美的曲调，踏着海浪，我终于投入了大海的怀抱。

我踩着柔软的海沙，听着海浪的声音，海风迎面吹来。回过神来，我惊讶得站在那里一动也不动。那蔚蓝而广阔的大海和无边无际的蓝天形成了一条线，就像老天爷用针和线将它们两个缝了起来，而又看不见线的痕迹，真是天衣无缝呀！一家人开开心心地，像天真无邪的小孩子一样玩耍，没有一个人是愁眉苦脸的。在这里，可以将一切烦恼和不开心的事都抛到九霄云外去；在这里，翻滚的海浪所发出的声音会在你耳边回响，疲劳的身体一下子变得无比舒适。

到了晚上，在海边散步时，一阵阵微微的海风吹过，十分舒服。抬头看天上，又有许多烟花，让这处美丽的风景更加完美无瑕。

我们时间有限，就要回去了。每当我回想起来在这里的点点滴滴，便多了一份感动，一份留恋。尽管那时候，我还很小很小，但通过妈妈的描述，依然能想象那海的美。

海之梦，海之心，海之蓝，海之恋，我希望，我能携着你的手，再一次去看海！

"小烦恼"抗争计

钟茜羽

　　"丁零零……"寒假第一天，刚到七点钟，烦人的闹钟就把我吵醒了。我刚从暖和的被窝里探出头来，又倒下去了。"快起床！"老妈大人一声怒吼，掀起我的被子。哼，我这个"小烦恼"打算用我的"钟氏睡懒床必备三法"来"对付"老妈。

　　第一法：声东击西。"妈，老爸在楼上喊你呢！"我躺在床上说。"我怎么没听见？""哎呀，你去就是了，我真听见了！"我一说完，妈妈"噔噔噔"地上了楼。"哈，中招了吧！"我窃喜，于是呼呼地又睡了起来。刚睡一会儿，我就感觉耳朵被人扯着了，睁开眼，映入我眼帘的是一张咬牙切齿的脸，没错，正是老妈！"好啊，还敢骗我！快给我起来！"妈妈怒发冲冠，第一法以失败告终。

　　第二法：调虎离山。我半睁着眼睛，慢吞吞地穿着衣服，刚穿到一半，发现没袜子，我眼珠咕噜一转。"妈妈，好妈妈，能不能给我拿双袜子？"我撒娇地说。"好哇！"妈妈爽快地答应了。听着远去的脚步声，我估计老妈这会儿该走出客厅了，于是，"扑通"一声又栽倒在床。这刚倒下一会儿，妈妈便"飞"了进来："你以为你的一点儿小九九能骗得过我吗？"

　　我刚想用第三法——"苦肉计"来对付老妈，可老妈突然来了个

"河东狮吼"："快点儿穿，你看你穿个衣服都用了三十分钟，什么效率？"我穿好了衣服，跌跌撞撞地走向洗手间……

周笔畅的一首《烦》唱出了我此时的心声："我烦哪烦哪烦哪不能睡懒觉，烦哪烦哪烦哪不能睡懒觉，烦哪，我烦哪……"

"幸福"的白发

孙 昊

星期天的晚上，妈妈爸爸不知为了什么事展开了激烈的"舌战"。看到妈妈气势汹汹的样子，爸爸赶紧使出撒手锏——"沉默是金"。可妈妈还不解气，手脚并用要把爸爸推下床去，边推还边恼火地蹬着爸爸："下去，下去！拿上枕头到隔壁房间去睡，在这里碍手碍脚的。"爸爸一看妈妈正在气头上，好汉不吃眼前亏，只好一脸不情愿地独自去了隔壁。

看到爸爸的可怜样，我和妹妹于心不忍，想给他们做和事佬，可又担心像以前一样白费功夫。正当我一筹莫展时，妹妹突然笑了起来。我瞪了她一眼，责怪地问："爸爸妈妈都吵成这样了，你怎么还有心情笑？""咯咯咯……"妹妹笑得合不拢嘴，她边笑边用手指着妈妈压低声音说："看，看妈妈的头发……那儿有根好长好长的白发，我现在就去和爸爸说句悄悄话。"妹妹狡黠地朝我眨眨眼。我顺着妹妹指的方向看去，什么也没看见。"是不是你看错了？"我狐疑地掉头问妹妹，妹妹早就跑开了。

不知什么时候，爸爸蹑手蹑脚地走进来。爸爸咧着嘴坐到妈妈身边，轻轻地挽住妈妈的腰，猛地把手伸向妈妈的头发使劲儿一拽，兴奋地说："看，我帮你把它拔了。"在爸爸的"突然袭击"下，妈妈的一根又细又长的白发被拔了下来。

不好，妈妈会不会因此发火呀？我担忧地打量妈妈的脸色，随时准备打圆场。只见爸爸用手指拈着那根白发看了看妈妈，得意地笑了起来。妈妈瞟了爸爸一眼，哭笑不得地说："拔了根白发嘛，干吗那么用力呀？头都被你弄痛了。"爸爸趁机摸摸妈妈的头，哈哈大笑起来。我和妹妹更是笑得直不起腰，刚才的忧虑也随着这笑声消失得无影无踪。

我跑到爸爸妈妈面前，央求爸爸把这根白发送给我，爸爸捏捏我的小鼻子，微笑着说："你这个小家伙，又准备打什么鬼主意？"我拿着白发笑着跑出房间说："爸爸，我要把它夹到书里珍藏起来，因为这根长长的白发让你们又找回了恩爱，它见证着你们的爱，这可是一根幸福的白发哦！"

045

我和蚕宝宝的第一个春天

李雅豪

春天，流行养蚕，我也养起了小蚕。

蚕卵就像小小的黑芝麻，中间有点儿凹下去，得放在温暖的地方孵化。几天后小蚕纷纷破壳而出了。它们像蚂蚁一样小，黑黑的，时

茉莉花开

不时扬起大头晃晃。

慢慢地，蚕宝宝长大了，蜕了一次又一次的皮，渐渐变灰了。过段时间，蚕宝宝变白了，身子也变大了，有的蚕身长三厘米，有的都五厘米了，唯独不变的还是有个大头。

"我啃、我啃、我啃啃啃……"一只小蚕正在大口大口地吃桑叶，其他的小蚕也不甘示弱，露出尖尖的镰刀小嘴不停地吃，仿佛永远吃不饱似的。它们一圈一圈地吃，边吃边把尾部竖起，理理缠在身上的丝儿，像女人梳头似的。咦？怎么回事？这只活泼可爱的小蚕怎么停食了呀？它一动不动地趴在桑叶上。我刚想凑近看看时，小蚕突然动了，它把尾部抬了一下，一个小黑球便滚了下来，原来它是在拉啊！

我拿起放大镜仔细观察，蚕的身子软软的，上面还有些细毛。蚕的前面长着八只脚，后面长着六只脚。要是你不仔细，可能看不见后脚呢。我还发现蚕的身体两边有一些小黑点，那是什么呢？我去问了"知识百科全书"——妈妈，妈妈说那些小点点是蚕呼吸空气的地方，真有趣啊！嘴、脚、鼻子找到了，可眼睛和耳朵在哪儿？妈妈告诉我蚕的眼睛和耳朵已经退化了，它是用嗅觉和皮肤来感受世界的。哦！怪不得它总是动来动去的，原来它在感受世界呀！

又过了几天，小蚕不吃桑叶了，懒懒地趴在盒子里，原来是要结茧啦！只见它头一摆一摆的，丝就出来了，两天后就织成了白的黄的圆的茧，真漂亮！几天后，蚕就从茧里出来了，样子完全变了，变成蚕蛾了，身体有点儿黄，长了翅膀，但不能飞，头上还有触角呢。但是蚕蛾出来下完蚕卵就要死了，这让我伤心难过了很长一段时间呢。

这是我和蚕宝宝的第一个春天，但是我和小蚕已经有了约定，我对它们说：明年再见。

一盒"月亮"

邓倩茹

我们可以走得很远很远

却总也走不出

母亲心灵的广场

——汪国真

那是一个月光如水的夜晚，学校操场上放映露天电影《幸福的向日葵》，要求父母陪同孩子一起观看。我提前打电话给妈妈，提醒她一定要来学校看电影。

下午放学后，我就在学校里边写作业边等妈妈。离电影放映时间还有半个小时，家长们就陆陆续续来到了学校，和自己的孩子边说边笑着走向操场。我在人群中急切地搜寻着妈妈的身影，可始终没能找到。时间一分一秒地流逝，我失望地坐在学校篮球场前的小石凳上，又焦急又生气地望着校门方向。"小茹！"我听见后面有熟悉的喊声，循声望去，同班的同学思思正挽着她妈妈的胳膊，一蹦一跳地从校门外走进来，头上的小辫子也调皮而快乐地甩动着，母女俩脸上都洋溢着幸福甜蜜的笑容。我跟她们打了招呼，继续在校门口等候妈妈。

操场上响起了音乐，电影马上就要开始了，只有我仍然倚在校门口那棵孤独的老榕树下，抬头望望天空中那轮皎洁的弯月，只有它在陪伴我。

我多么希望妈妈此时此刻从校门口向我走来，然后温柔地唤我一声："茹茹！"可是这个期盼已久的温柔的声音始终没有响起。我伤心极了，一定是妈妈忙得忘记了。她怎么能把这么重要的事忘了呢？操场上传来电影悠扬的音乐，电影讲述的是一个小女孩儿找父亲的故事，很感人。我坐在石凳上忍不住朝操场那边的电影幕布望去，可又看不进去，就又扭过头，望眼欲穿地盯着校门口，生怕错过了那个熟悉的身影。这时，操场上传来忧伤的音乐，一定是小女孩儿找了很久都没有找到她爸爸，她肯定伤心地哭了。想到这儿，再想想自己，我的眼泪忍不住流了下来。月光透过大榕树洒下的斑驳光点，随着风在我身上移动，仿佛在不停地安慰着我。我趴在膝盖上小声啜泣着，把整个身子藏在树荫底下，害怕被老师和同学发现。

"茹茹——"是妈妈，是妈妈的声音！她终于来了！我多么想"噌"地跳起来，投向她的怀抱。可是，我迟疑了一会儿，不动声色地抱紧了自己的膝盖，把头深深地埋下去。"茹茹——"妈妈发现了我，她向我走过来，声音中带着疲惫。妈妈抚着我的头，带着歉意说："茹茹，对不起，妈妈迟到了。"我含着泪抬起头，透过月光，看得见她脸上的汗珠。"电影都放完了，还来干什么？"我说完，生气地把身子扭向一边，眼泪像断了线的珠子"唰唰"地往下掉。妈妈轻柔地为我抹去眼泪，从身后拿出一个浅绿色的饭盒。她打开盒盖，我看到了一盒银色的弯弯的"月亮"，正朝着我笑呢。妈妈说："快趁热吃了吧！这是妈妈下班后特地为你包的饺子！"妈妈微笑着递过一双筷子。我顿时明白了妈妈迟到的原因。她工作那么忙那么辛苦，下班了还赶回家为我包上新鲜的饺子，而我却误解了妈妈！

在妈妈为我去拿水杯的那一瞬间，我看到了妈妈后背被汗水浸湿的衣服。我的泪水夺眶而出，滚烫滚烫的，滴落在浅绿色的饭盒里，滴落在满满一盒银色的"月亮"上。

虽然没有和妈妈一起看电影，可饺子是那样香甜，天上的月亮是那么美丽！

一份薄礼

郑博龙

上课了，于老师亲切地对我们说："上周我去福建出差，给同学们带回来一份薄礼。"老师还郑重其事地在黑板上写了"一份薄礼"这四个字，大家都感到非常意外。

老师接着说："大家猜猜会是什么礼物呢？"同学们都争先恐后地抢着说，有的说是棒棒糖，有的说是贺卡，还有的说是一块薄饼……我想：说不定老师给我们带来几颗福建的糖果呢。

我们迫不及待地想知道是什么礼物，可偏偏于老师让我们闭上眼睛，等待礼物的出现，可我忍不住，眯起眼睛偷看，只见老师神秘地从口袋里掏出一张纸，拿在手里说："看，这就是我送给你们的礼物！"教室里顿时像炸开了锅似的，叹气声、议论声、敲桌子声响成一片。有的说于老师怎么这么小气，有的说这不会是一张魔术纸吧，有的说还以为是什么好东西呢……我想：于老师给我们带来的还真是"一份薄礼"啊！

于老师见同学们都不太满意，就满脸歉意地说："既然这份礼物不成敬意，我想请同学们帮我想个办法，设计一下，让它能表达老师的一份心意。"有的同学说把这张纸折成千纸鹤，祝福我们每个人都能健康成长；有的说画一座山，愿同学们的学习像登山一样，一步一个台阶；还有的说在纸上写上名人名言，做成书签，送给我们……我想把这纸剪成一个"喜"字，祝愿我们天天有喜、天天开心。

现在我才明白，于老师送给我们的不仅仅是一张纸，还有祝福、爱心、学习的快乐。

因为爱，所以放手

张紫藤

前几天我去小姨家，看见她家养了几条金鱼，在鱼缸里畅快地游来游去，很是羡慕。圣诞节时，爸爸妈妈带回了几条水灵鲜活的小金鱼，我甭提有多高兴了。

我将金鱼放入养着绿萝的盆里，小鱼和绿萝相映成趣，有一种幽雅的情趣。看看那些红似五月榴花、白如隆冬瑞雪、橙近黄花幽月、黑得像墨一样的金鱼，在亮丽摇曳的绿萝间游曳，或嬉戏，或舞蹈，或饮水，或追逐，这种鱼游水清叶绿的怡恬幽雅之情，令人心驰神往。此后的几天里，我毫不介意喂食时的辛劳，因为每天快乐的源泉都在这儿呢！小金鱼已悄然成为我心中重要的朋友！

两个星期后，我再次喂食时，发现有一条小金鱼竟变得无精打采、奄奄一息。我有些不明白：它的待遇并不差啊，不说五星级，好歹也是四星级服务啊，咋就不行了呢？看着它有气无力的样子，我心急如焚却又无计可施。

妈妈建议："干脆把它隔离出来，以免影响其他的鱼儿。"我无奈，只好照办。谁知，被转移的小金鱼愈发了无生气，嘴巴一张一合的次数愈发少了。妈妈不禁摇头叹息："唉，可怜的小金鱼，把它扔了吧！"我满心的不忍，但又无法，只好踌躇着将小金鱼捧下了楼。

刚到楼下，我便瞧见保安养的那只小黑狗，正与一只小花猫嬉闹玩耍，它们忽前忽后，左蹿右跳，那般欢快自由。这份快乐感染了我，我不禁陷入了沉思：小金鱼之所以这样没精打采，缺少生气，应该是因为丧失了自由。不如……我豁然开朗，一路小跑，来到小区前的大河边，小心翼翼地将奄奄一息的小金鱼放到水中。果然，小金鱼像被河神施了魔法一样，立刻竖起鱼背，快活地向前游去，与刚才判若两"鱼"。我不禁开心地笑了。是啊，一切生物都是不想被禁锢的，它们需要自由。而我，因为喜爱，所以选择了放手，给予小金鱼自由的快乐。

051

回来时，我虽然捧着空空的鱼缸，但我觉得那里沉甸甸的，因为里面装满了快乐与情谊！

茉莉花开

柴 晋

我养了一盆茉莉花，每天观察它、了解它的习性是我的一大快乐。

晚春，我把一粒小小的花籽埋进花盆，没几天，小苗出土了，嫩绿的两个圆瓣上顶着褪色的籽壳，就像小孩儿歪戴着小帽，非常可爱。

夏天是茉莉花的生长季节。它从一棵娇嫩的小苗，逐渐分叉、长叶，变粗、变硬，颜色变深，长得非常茁壮。几乎每天我都能看到它的变化。它那肥大的椭圆形叶片碧绿碧绿的，叶脉清晰可见。看着茉莉花一天天长大，我感到那茉莉花就是我自己，心里别提多高兴了。这时的茉莉花，特别容易消耗水分，所以每天都要浇水，每次至少一瓶。我仔细看了一下瓶子的水容量：550毫升呢。

秋天到了，茉莉花似乎不再满足于长叶拔节，开始准备开花了。先是在小叉的顶端长出几个小绿苞，三四天后绿苞变大，从绿苞的顶部钻出一个像箭头一样的小囊，这就是花骨朵。这时，整棵花的头部同时出现了十几个花骨朵，都是带颜色的，有大有小，朝向各个方向。又过了两三天，花骨朵长得像一支飞镖的样子。

一天之后的早晨，就有一朵花开了，鲜黄鲜黄的，像个小喇叭，幽幽的清香从喇叭口散出来，闻着特别舒服。然而，到了十点钟以后，光线变强，小喇叭就开始收缩，变得像个小拳头。这是因为茉莉花朵不喜欢强烈的阳光和高温。不过不必悲伤，傍晚，太阳下去了，又会有好几朵新的花朵竞相开放。每天都这样。三四天后，花就彻底脱落了，同时，从根部长出一个小绿花籽。小花籽在三四天中不断生长、变大。当到黄豆粒大小时，开始变黑，两三天内籽中水分逐渐蒸发，花籽变黑、变硬，样子像灵巧的小鼓。这时花籽就可以采摘了。

茉莉花，从一生长就不断带给我快乐，陪我度过了许多难忘的时光。明年，我会种下更多的花籽，到时就会收获更多的快乐，也会让别人来分享我的快乐。

我当"农场主"

周振莼

　　我自己经营了一个"开心农场"，现在的我已经是一个经历了四个月风风雨雨的"农场主"了!

　　记得七月份的时候，我偷偷地拿了一个爸爸养花失败的小花盆，然后在外婆的仓库里，神不知鬼不觉地拿了两粒玉米。我将玉米栽入花盆内，再盖上土，然后施上一点儿肥料，最后又浇了一大锅水。忙完一切后，我把它放在我家素有"沙漠"美名之称的黄沙堆上。第二天天刚刚亮，我就去看我的玉米了，可没啥动静。又过了几天，小玉米好不容易发芽了，但被"烤焦"了。虽然小玉米芽死掉了，可我发现了一个秘密：种玉米不能浇太多的水，也不能放在太干旱的地方。

　　第一次失败后，我又捡到了一棵小芦荟苗。不过，这棵小芦荟苗已经半死不活，奄奄一息了。我大发慈悲，将它救回了花盆。爸爸说它喜欢阴凉的地方，我就把它挪到了屋檐底下。经过大半个月的抢救和悉心照顾，小芦荟苗吐出一点点的芽，"脸色"也恢复了。救活芦荟后，我信心倍增，找了一个花盆，种起了花生。

　　由于连日下大雨，我的花生苗死了，种子也全烂了。更可恨的是，不知哪个调皮鬼将我的"仓库"打碎了，东西也全部被"偷"走了。看来，反季节的植物可不好管理，不知道农民伯伯怎么会把反季

053

茉莉花开

的蔬菜水果养得这么好！我只好将"仓库"修好，重新将菜籽栽入花盆，最后浇水施肥。只有一棵菜的我，想想很不甘心，又学着外婆的样子，种了一溜小青菜，还把收到的凤仙花籽下到了地里，几天以后苗都出齐了。

为了不让母鸡来打搅我的"农场"，我在"农场"四周围上砖，好保护我的"农场"。现在，我的小花苗已经非常大了，它们已经"住"进了"高级宾馆"中。

转角遇见伙伴

黄婧敏

054

自从爸爸去世以后，妈妈就不能守着我了。为了生活，她像爸爸以前一样，到外地去打工，把我交给年迈的爷爷和奶奶照顾。想到再也见不到的爸爸和远离的妈妈，我觉得悲伤极了，心情也十分低落，除了上学，几乎整天待在家里。爷爷奶奶也是一脸愁苦，顾不上唠叨我。一天又一天，日子就这样默默地溜走了。

一个星期六的早上，我想着也许妈妈会回来看我，就走出家门，想到大路上去看看。我急匆匆地朝前走着，渐渐地靠近前面转角处的大榕树，以前我和几个要好的伙伴常在树下玩，可现在空无一人。她们都到哪里去了呢？是不是都在自己的家里呢？她们多幸福啊！有爸爸疼又有妈妈爱。哪像我，就自己一个人了。想到这儿，我再一次感觉到孤独和悲伤，泪水偷偷地涌上了眼眸。

来到树下，绕过转角。"嗨！"伴随一声大喝，一群人从树后跳了出来。我吓了一跳，定神一看，啊！清芳、文梅、雅宾……她们怎么都在这儿？我瞪着她们，一时间不知道该说什么。"怎么啦？吓傻啦？"调皮的雅宾摇着我的肩膀，嬉皮笑脸地说。"婧敏，你怎么啦？"还是清芳细心，她一定是发现我的眼里饱含泪水。"没……没什么，就是……想妈妈。哇——"我终于忍不住大哭起来。"不要哭了，你妈妈会回来的。""我阿姨昨天回家，说遇到你妈妈了。"……小伙伴们你一言我一语，拼命地安慰我。也许是泪水冲走了悲伤，也许是话语温暖了心灵，我渐渐地止住了哭声，心情也不再那么沉重了。

文梅亲热地拉着我的手说："我们说好了，以后不要把我们撇在一边。大家一起玩游戏，一起做作业，好不好？"我感激地望着她们，重重地点了点头。这一刻开始，我决定不再悲伤，因为我有许多好伙伴，和她们的爱。

055

当语文离家出走

吴佳宁

话说在2017年的某月某日，我打开书包准备拿语文书预习。"咦？语文书不见了！"我花容失色，抓起书包就开始找。可是，竟然没有。我困惑极了：语文书到底在哪里呀？

第二天一早，一到学校我就赶紧询问同学，可是，他们竟然和我有一样的遭遇——大家都没了语文书。

"丁零零……"上课铃声响起，我们上起了没有语文书的"语文课"。秦老师进来，打开了电脑和投影仪，只见一排排看不懂的文字呈现在面前，我心中又充满了疑问。秦老师也惊呆了，便拿起粉笔在黑板上写起了字，可这哪里是字，简直是"火星文"嘛！这下我们更是丈二和尚——摸不着头脑了。看来这板书是看不成了，就自己写作业吧，可作业根本就是"鬼画符"嘛。唉，这课是上不成了。

回家躺在床上，我仔细地回想着这件怪事，慢慢进入了梦乡。

"快，快来，有人已经睡着了，我们终于可以出来休息一会儿了。"说话的是谁？咦，那不是消失的语文书和文字吗？

"人类真是太不爱护我们了，把我们弄得浑身是伤，呜呜呜……"一个浑身脏兮兮、缺了封面的语文书边摸着"伤口"边说。

"就是就是，杜甫前两天还传话给我说，他最近忙得都没脸见江东父老了。小主人也经常在我身上画画呢，你看——"另一本语文书指着"肚子里"已经被涂得不成样子的人物埋怨道。"还有还有……"它们一个个争先恐后地告起状来，喧闹声早就把我吵醒了，它们的谈论我都听到了耳朵里。

一大早起来我便奔向学校，跟大伙儿说明了一切。原来这都是我们自己的错呀，于是我们每个人都向自己的语文书端端正正写起了保证书："我正式向语文书道歉，从此将善待语文书，绝不乱涂乱画，丢三落四……请语文书回来吧！"感谢"文字"临时给的特权，我们终于能写字了。看到保证书，语文书这才消除了心中的怨恨，回到了我们的身边，文字也回来了。

我心中默默地想着：语文书，我一定不会再让你伤痕累累了！

拥有翅膀的天使

　　大雪谷的雪，更美了。放眼望去，满山是雪，铺天盖地。温柔中不失几分豪迈。大片大片的雪相连，好似一幅美不胜收的画卷。大自然，多么有天赋的画家！

丁香之韵

杨　可

微风吹来，院前的丁香花散发出阵阵迷人的幽香，沁人心脾，但谁能想到她奋斗时的艰辛？

外婆家的小院前植入了两棵丁香。纤细的枝丫，绿叶嫩得仿佛能滴出水来，茂密的叶间藏着一个个小秘密。小巧的花骨朵儿像温润的玉石一般，点上鹅黄，似乎是被精心雕琢过的，半掩娇颜，泄出一股幽香。外婆告诉我，过几天丁香就要开花了。我顿时喜上眉梢，迫不及待地想要一睹芳颜，心中充满了期待。天有不测风云，下午突然下起了淅淅沥沥的小雨，我没在意。可到了晚上，一场滂沱大雨倾盆而至。风，怒吼着；雨，像一条条长鞭鞭挞着大地，似乎要把一切撕毁。我担心极了那两株丁香，急忙打开窗，一股毁灭的气息扑面而来，风肆意地蹂躏着窗帘，不一会儿，窗帘就湿透了，我赶忙关上了窗户。我为这两株丁香默默祈祷，兴许这雨到了后半夜就停了，希望她们能逃过一劫。可大雨到了后半夜还没有停的迹象。这下，我急了，猛地把门打开。

丁香纤细的枝干哪经得住风雨的折磨，一棵已经被拦腰截断，另一棵也摇摇欲坠。绿叶被疯狂地撕碎，那娇小玲珑的花骨朵儿还没来得及开放就香消玉殒了，花瓣上挂满了细密的雨珠儿，凋零在这黑得无边无际的天幕，让人心里一阵刺痛。

　　雨终于停了，久违的太阳爬上了湛蓝的天空，我打开房门，望着眼前的景象，分外心疼，昨日还精神抖擞的两棵丁香，今日已变成了一堆枯枝败叶。不知过了多久，我慢慢淡忘了这件事。

　　第二年，我来到外婆家，幽香袭来，又见到了两株迎风起舞的丁香花。我好奇地问外婆，这是新移植来的吗？外婆摇了摇头笑道，还是去年的。真的吗？满目疮痍的丁香花真的又开花了！娇小的她居然不畏风雨，顽强地生存了下来。我真不敢相信这顽强的精神会存在于她娇弱的躯体内。

　　清晨，东方露出了一缕红。我循着香味找到了丁香花，小身板儿挺得笔直，叶子也一如既往的绿，唯一不同的是那盛开的丁香花瓣上多了些晶莹的露珠。这也许是丁香奋斗时的泪珠吧。一朵朵花的盛开，只有她才明白那泪珠的滋味吧。她，很柔嫩很弱小，但她却又很坚强，面对糟糕的局势，她选择了奋斗，也许过程很艰难，但她坚持了，并获得了成功。

　　面对逆境顽强拼搏，永不放弃，努力生存，坚持奋斗，才能收获成功。这，便是对那两株非凡丁香的诠释吧！

拥有翅膀的天使

杜苒印

　　初到哈尔滨雪乡，映入眼帘的是一大片白雪。白得耀眼，白得透明，白得质朴。每户人家的屋顶上都积满了厚厚的雪，大街上遍地是雪，树上点缀着星星点点的白雪……这是冬天带给人们的第一份礼物。

大街小巷里，是熙熙攘攘的人群。洁白无瑕的雪，悄然为这座城市增添了几分姿色。

大雪谷的雪，更美了。放眼望去，满山是雪，铺天盖地。温柔中不失几分豪迈。大片大片的雪相连，好似一幅美不胜收的画卷。大自然，多么有天赋的画家！轻轻一挥笔，便可将这般美丽景色描绘出来！

突然，头顶感到一丝凉意。原来是下雪了。漫天飞雪，飘飘洒洒。白色的小精灵们在空中跳跃着，旋转着身体，那舞步令人陶醉。雪落在树丛上、地上、游客们的头上，那股亲热的劲头难以名状。

随着雪的到来，整座山都被净化了。漫步飞雪中，可以闻到一股芬芳，是那样清新，那样沁人心脾。雪花缓缓地飘落手心，软绵绵的，冰冰凉凉，却又是温暖的，还是那样纯真质朴。

望远方，雪纷飞，心依旧。只是在何处，还能寻得这份纯真质朴？白，纯真质朴的白。在城市里，人们早已被笼罩在乌烟瘴气中，忘却了生活原本的颜色。

大雪中，几只鸟儿还在飞翔。它们要到哪里去？去做什么？或许是回到自己温暖的家，或许是在寻找幸福，我也不知道。我只知道，它们在努力地飞翔，不知疲倦地飞翔，飞去心向往的地方。

一望无际的雪地中，散落着一串串脚印，闪烁着金色的光芒。我仰头，闭上眼睛，对着漫天飞雪，许下自己的心愿……

午 夜 惊 魂

刘子群

　　"啪"的一声，眼前一片漆黑，原来停电了，我来回摸索着……手电筒呢？

　　窗外，雷声轰鸣，大雨滂沱。就在这样一个夜晚，竟然停电了。爸爸妈妈有事出去了，奶奶去姑妈家不知多久才能回来，弟弟已经睡着了……我一个人蜷缩在沙发的一个角落里。"早上这里还有手电筒的，现在却不见了，跑到哪里了呢？"我紧紧抱着枕头，心里害怕极了。

　　我摸索着，走到弟弟床前，想和弟弟一起睡觉，可怎么也睡不着。我紧抱着弟弟，心想这样也许能好一些。可越抱越害怕，总感觉背后有一双眼睛在盯着我。我只好悄悄地坐起来，紧靠床头，裹着被子，露出一双眼睛，在卧室里搜寻着……我越看越害怕，感觉就连墙里都有人盯着我。我裹紧被子，连大气也不敢出，只听见心脏"怦怦"的跳动声……我快要疯了！

　　这时，我的眼前突然感觉有一丝的亮光，我偷偷瞥了一眼，"哦，天哪！鬼！鬼来啦！"我慌忙起身跳下床，到处躲藏，忽然想到正在熟睡的弟弟，想保护他，可胆小的我一想到那张恐怖的鬼脸，就胆怯了。不行，为了弟弟的安全，我急忙跑到厨房，把妈妈新买的扫把和炒锅拿出来，把锅当成安全帽，扫把当武器，冲进卧室……就在这时，"喵呜，喵呜……"门外一声连着一声的"猫"叫声打破了夜晚的宁静，我一颗悬着的心稍稍有点儿放松了，"估计是妈妈回来了，这是她一贯的伎俩。"我急忙跑出卧室，果然是妈妈。

我气冲冲地问妈妈："你干吗吓我，我的眼泪都出来了！"

"只是想逗逗你。"妈妈笑着说，"再说，哪里有什么鬼！只不过是你自己吓自己罢了！"

妈妈真淘气，这么大的人了，还吓唬我。但一想，妈妈说得对，心中无鬼就不怕鬼！

风 信 子

陈 诺

早晨，刚睡醒的我一走出卧室，便闻到一阵清香。顺着香味飘来的方向走去，原来，是这两盆怒放的风信子。

风信子，她是风的使者，颜色众多，没开花前让人捉摸不定。开花了，她散发的清香让人着迷。她的花球，让人为之惊叹。但她的花期很短，开了没几天便枯萎，再开花你又要等上一年。她就像风，神秘；她就像风，让我着迷；她就像风，走得真快；她就像风，谁都不懂她的心。

风信子的种子是一个形似大蒜的球形物体，外面包着一层又一层薄薄的皮，呈深紫色。在这个小球里，蕴含着巨大的能量，能长出翠绿的叶，开出鲜艳的花。

　　好奇的我曾观察过风信子的根，那根须很长很长，可绕满整个花盆，形成一个繁杂的地下迷宫。她的叶子有的又细又长，有的又粗又壮，这是光照的原因。不管怎样，她们都努力地生长着，为了让花儿绽放得更美丽。这时，她原本的大种子已经变小了，好几层皮脱落了，这一过程都在地下进行。她真爱美，不愿把丑陋的一面展现出来。

　　看，我家的风信子要开花了，它的叶子中心会长出一个花球，上面都是她精心孕育出来的花苞，是优雅的淡紫色！那花球的形状像极了人的脸，她真美！

　　不知不觉，花苞稍稍有些裂开了，第二天，花球上的花竟全都盛开了，一朵也不落后！隐约可见花瓣里的花蕊，想必她还会再张开一些。淡淡的花瓣盛开在叶子的中央，有一两朵竟挤了出来，好像不满这狭小的空间，要逃出去似的。

　　缕缕幽香飘呀飘呀，仿佛也是淡紫色的，被窗外吹来的风带走了一些。风，你要把这封紫色香味的信寄给谁呢？

　　我期待你的再一次绽放，风信子，你真美！

茶 的 滋 味

李志清

　　春雨淅淅沥沥地下着，远处的茶园灰蒙蒙一片，我站在窗前俯视着这一切，心中不禁涌上一丝喜悦之情。

　　说实话，身为安溪人的我，对茶的了解并不多，也不知道该如何细细品味。渐渐地，我学会了一点儿品茶的功夫，轻轻呷一口，只觉得舌尖有点儿苦，喉里有一股甘甜的回味，齿缝留香，叫人流连忘返，精神舒畅。

　　安溪以铁观音最为出名，这小小的茶记录着茶农的勤劳与艰辛，记录着安溪人的踏实精神。破例倒一杯茶，坐在窗前，感受着春天的气息和这一份恬静的心情。淡雅的香气不住地往上蹿，调皮地摇曳着身子，一缕一缕，不停地往鼻孔里钻，清香穿过鼻孔，流入心房，暖暖的，沁人心脾，人生最幸福的滋味莫过于平淡中的清幽。

　　茶水似绿非绿，似黄非黄，清澈明澄，使人觉得朝气蓬勃又平淡非凡，这就是茶给人的无限意蕴。原来我喜欢用炽红来形容青春，轰轰烈烈，没有一丝遗憾；如今想为它换上茶的颜色，热烈而又深沉，有着青春最真切的滋味和最真挚的美好。喜欢风吹过脸颊的感觉，喜欢暖暖的阳光洒下的味道，也喜欢茶中包含着春的气息。呷一口，感觉甜中有苦，苦中带香，余韵无穷，人生又何尝不是这样呢？大风大浪后，仍旧会看见彩虹悬挂于空中，一切都会好起来的。

　　在春风的吹拂下，在春雨的滋润下，茶树正在茁壮成长，焕发生机。喜欢喝茶，纯纯的，就如生活一样，踏踏实实的，包含甘甜、苦涩；喜欢喝茶，感受茶的清香以及那份悠远的历史。看见山头锁雾，我知道又将有一场春雨要来临，我又坐在那个窗前，品一杯香茗，喜悦之情涌上了心头。

老虎的海洋之旅

张杰文

一天，"森林之王"老虎吃饱喝足后，正躺在一棵大树下享受美美的日光浴，可他翻来覆去，怎么也睡不着，就开始胡思乱想：我这么厉害，森林里大至羚羊，小至老鼠，见了我都吓得和丢了魂一样。我想水里的那些小东西，听见我的声音，肯定也会吓晕吧！那我岂不也是"海洋之王"了！到时候全世界的动物可就都是我的盘中餐了！哈哈哈……可老虎转念一想，不禁失落起来：可我连区区的小河都不敢走太深，更别谈那广阔无垠的大海了，唉……

老虎想着想着，十分不服气，于是长途跋涉来到了森林附近一片大海的海岸边，毫不犹豫地纵身一跃，正要碰到海面的时候，不知从哪儿冒出了一个大黑洞，一下子将他给吸进去了……

"砰！"老虎着地后，四处望了望，只见他站在一块凸出的高地上，四周除了水还是水，水里还有数不胜数的小鱼小虾，但老虎一个也不认识，因为他从来都没有来过海里。老虎瞧见了一些小鱼，看到它们还没有自己的爪子大，不禁起了坏主意——吃了这些小鱼。老虎开始行动了，只见他悄无声息地从一块石头跳到另一块石头上，在离那些鱼不到半米的地方，飞身一扑，将两条小鱼给抓住，剩下几条没有被抓住的小鱼一齐向远处飞快地逃走了。

"嗷——好久没有吃过新的食物了，今天终于让我逮着了两个小东西来改善一下我的伙食，哈哈！"就在老虎张开血盆大口准备吞了两条鱼的时候，骤然间有成千上万条小鱼从四面八方向老虎蜂拥而来。它们全部蹿到老虎身上，咬他，团结力量大呀，它们让老虎全无招架之力，不一会儿老虎痛得清鼻涕都流下来了！正当老虎"嗷嗷"大叫之际，传来了一声清亮的鸣叫声，随后老虎和其他的海洋生物全部被四周的水冲出来了。老虎朝下一看，原来是一只十几米长的深蓝色的庞然大物——蓝鲸，他意识到原来世界上还有比他更让人闻风丧胆的生物，刚才那一切居然全发生在鲸鱼的肚子里啊。

老虎被鲸鱼喷到岸上后惊魂未定，心想：人外有人，天外有天。我的见识只不过是冰山一角，实在算不了什么。以后，我再也不能狂妄自大，目中无人了。

066

对面的电脑看过来……

戴旭言

"砰！"家里的大门被父母一关，痛得叫唤了一声，把那句"不许玩电脑"关在了门外。

不论那句话多么气势汹汹，都被他——一个略胖的男孩儿忽略了。他先把眼睛眯成一条缝，试探一下是否安全，再蹑手蹑脚地走到客厅的窗户前，看见父母开车走了，才松了一口气。他发现窗前的阳光是那么灿烂，沙发虽然被皮套裹在里面，但也看得出心情很好，图画上的小鸟也向他问好，还有那窗户边上的小花也显得十分鲜艳动人。

他非常开心，一边唱着："对面的电脑看过来，看过来，看过来……"一边大踏步跑去开电脑，他贪婪地吸了一大口气。电影、游戏、新闻，他逐一浏览了一遍，最爱看的那部动画片，他几乎都会跟着说几句台词了。

一会儿就到了中午，他的肚子不由自主地"咕噜噜"叫了起来，可他不想吃饭，因为他不忍割舍得来不易的电脑。

最后，肚子的强烈抗议使他不得不去冰箱前瞧瞧有什么好吃的。不看不知道，一看吓一跳，他惊叫道："我的天，这么多好吃的东西，有牛奶、面包、猪排……"

吃完了东西，他懒散地拍了拍圆滚滚的肚皮，打了个饱嗝，又去玩电脑。玩了一会儿，他发现网速越来越慢，手一摸电脑，天啊，电脑高烧估计得有80度，双手烫烫的感觉让他的身体也情不自禁地抖了一下，说："算了，今天不玩了，睡觉去。"紧接着他又叹了口气说："肚子太饱了，不宜睡觉。"于是他慢悠悠地拉着玩具箱去房间。

玩了一会儿，他觉得无趣，一拍脑袋，想起发烫的电脑，便拿了个冰垫垫在笔记本电脑下面，得意地说："小样儿，跟我玩，你还太嫩。"又趾高气扬地去玩了。

"叮——咚——"门铃唱起了欢快的小曲儿，他没想到爸妈这么快就回来了，忙把电脑下的冰垫拿走，顺势合上电脑，假装看书。父母进来，看着他专心的样子，脸上露出欣慰的笑容！但当他看见"老谋深算"的妈妈把手摸向电脑试温度的时候，他的眼珠子就瞪直了："Oh，My God！（噢，我的天！）"

于是，房间里又开始了有趣的"猫捉老鼠"的场面，凳子倒了，茶杯翻了，父亲站在房中间不停地自问："怎么一个也劝不好呢？"

月 色

龚佳敏

静静地，夜来了。漆黑的夜空里，月亮缓缓露出它那美丽的脸庞，像害羞的少女似的。银色的月光笼罩在地上，晚风轻轻地梳理着月光的长发。湖面银光闪闪，月影在那一泓碧水里游荡，"咚"一声打碎了倒影，也打碎了这份平静。

月光淡淡地泻落地上，似乎丝毫没有争强好胜之心，好像是与世无争、淡泊高远的雅士，一尘不染。月亮像一位少女，婀娜的身段，着一裘淡乳色的袍，仿佛蒙了一层面纱，朦朦胧胧，我却分明感到一丝若有若无的淡淡哀愁，是久久的乡愁吗？一定是，月亮又岂能没有"露从今夜白，月是故乡明"的思乡之情呢？

诚然，月亮神秘而静谧，是众多"独在异乡为异客"的思乡之人愁思的寄托，可它又难道不是一种希望吗？月亮不断地变幻自己的身姿，斗转星移，慢慢地变为玉盘般晶莹的圆月，也会让游子们心灵得到慰藉，心灵感到满足。这一钩残月不也是通向满月的一座桥梁吗？

今晚的月亮真像个玉盘，升得很快，似乎听见它轻移碎步的声响。它升得更高了，皎洁的白色，圆润的线条，大地仿佛一幅镶嵌在银色镜框里的水墨画。晚风送来花香，那是盛开的洁白茉莉，月光下，宛若披着婚纱的新嫁娘。李贺的《梦天》中就有："玉轮轧露湿团光，鸾佩相逢桂香陌。老兔寒蟾泣天色，云楼半开壁斜白。"如此看来，月亮还真是雅致。

夜深了。点点繁星点亮了整个夜空，我索性搬来椅子，静静地享受这份美好。刹那间，仿佛我不属于自己，也不属于城市的喧闹，只是属于这月色，好像我已融入这月色之中……

爱上品茶

李腾阁

爸爸喜欢喝茶。吃完晚饭后，他总会拿出那套茶具，泡茶，品茶，显得十分惬意。爸爸说自己喝茶是为了消食，可在我看来他是为了享受。

069

透过那透明的壶壁，我看见一片片茶叶在淡绿色的茶水中翩然起舞，散发出生机，散发出活力，令人感到神清气爽的茶香也时不时地钻入鼻腔。我对爸爸说："我也要喝！"

待茶冲泡好，我便迫不及待地一杯入喉……结果，完全不是想象中的味道，我苦着脸，放下茶杯，说："好苦！不好喝！"爸爸哈哈大笑起来。

一个宁静的晚上，妈妈外出，将家留给我们父子。爸爸在泡茶，还是那副享受的样子，嘴里的"咂咂"声时不时传到我耳边，惹得写作业的我心烦。

看我兴致不高，爸爸招我过去，摇头晃脑地给我聊起了"茶经":"茶啊,是天地孕育的灵物。泡茶,是有讲究的。'冰心去凡尘',就是用开水烫一遍本来就干净的玻璃杯,做到茶杯一尘不染。冲绿茶时讲究高冲水,比如'凤凰三点头',就是说在冲水时水壶要有节奏地三起三落,好比是凤凰向客人点头致意。"说着,还神气地做了一遍演示。

"冲入热水后,茶先是浮在水面上,而后慢慢沉入杯底,称之为'碧玉沉清江'。泡茶要一看、二闻、三品味,用心灵去感悟,才能够闻到难以言传的香味。"

我被爸爸的神侃勾起了兴趣,不时地拿起一杯,和爸爸碰杯对饮。一样的绿茶,慢慢地品,我竟不觉得苦了,只觉涩味萦绕舌尖,更多的是茶中包含的清幽淡雅之味,以及茶水滑至舌根时的甘醇,这使我有种飘飘然之感。

爸爸说,喝茶不难,品茶才是真正的难,因为这是一项极其细微的"工作",要慢慢来感悟。人活一生亦如品一杯清茶,其中的甘苦是品出来的,苦在先而后有甜。只有细品才能品出真味,茶道的程序就是让人悟出真理。一想二干三成功,一看二等三落空,品茶品味品人生。

看着这一片片翻滚的嫩叶,不得不说,爸爸说教有方,我很赞同爸爸的看法。

茶如人生,甘苦自在其中,好与坏,全在品味的人。人有了理想和渴望,就有了生活的动力;人生,付出真情,懂得奉献,就有了生活的欢乐。看不开时想想美好,以求释然;颓废时看看身边人的努力,以求振作;烦恼时想想快乐,以求淡然;愤怒时想想前程,以求平静;不满时想想曾经,以求感恩。

现在我也爱上了品茶,在紧张的学习之余,品味属于自己的宁静致远。

忘不了那坚毅的眼神

张俊志

这件事都过去两年了，每次想起来，我眼前还是会浮现出那坚毅的眼神，它让我永生难忘。

那是一个星期天的午后，我去县新华书店买书，刚走到书店门前，就见一群人围在那里，正在七嘴八舌地议论着什么。好奇心驱使我挤进了人群，我看到一个衣衫褴褛的老人躺在地上，他嘴里还不时地发出痛苦的呻吟。

"别可怜他，这个人在这一带专门碰瓷，我都看见过好几回了。"

"可不是嘛，我也看见过。"

"不过，刚才我确实看到他被一辆摩托车撞倒了。"

人们议论纷纷，可就是没有一个人上前把老人扶起来。

这个老人到底是真被人撞了，还是像人们说的那样，是一个专门敲诈别人钱财的碰瓷者呢？我正想着，突然感觉肩膀被人推了一下，回头一看，只见一个三十岁左右的叔叔从我身旁走过，来到老人身边。他蹲下身子，仔细地看了看老人的伤势，然后抬起头说道："确实伤得不轻，得马上送医院才行啊。"

"多一事不如少一事，你还是别多管闲事了。"

"要是被他讹上，你就惨了。"

听了众人的话，这位叔叔皱了皱眉头，站了起来。我以为他要离开，没想到他却说："人心都是肉长的，我就不信老人会讹我。"

"话是不错，可到时候你能说得清吗？还是赶紧走吧，小伙子！"

"不行，要是再不去医院，老人可能会有生命危险。"说着，他又蹲下身子，想慢慢地把老人从地上扶起来。

"好人啊！"

老人挣扎着想要站起来，可努力了几次，都没成功。

"老人家，我送您去医院吧！"见老人揉着双腿一副痛苦不堪的样子，这位叔叔真诚地说。

"省省吧，还送医院？你的钱没地方花啦！"

人们又开始告诫这位叔叔。

"我就是有钱没地方花，怎么了？"此刻，我看到这位叔叔的眼神是那样的坚毅，这坚毅的眼神透出一股正气。听他这么一说，众人都陷入了沉默，不再说话。

他弯下身子，让老人趴在他的背上，然后，他背起老人，头也不回地向附近的医院走去。

每当想起那坚毅的眼神，我的心中都会升起一股暖意。

听瀑黄果树

吴宇凡

黄果树瀑布，素有"中华第一瀑"之美誉，因当地一种常见的植物——黄果树而得名。我们去时正是旺季，游人如织，景色甚是不错。

初入景区，远远便听见隐隐传来的"哗哗"水声，闻弦歌而知雅意，脑海中立马浮现出一幅画卷，仿佛已是身临其境。驻足远望，顿有心旷神怡之感，正所谓心在何处，身在何处！

073

步入山中小道，水声渐渐大了，也愈加清晰。这时的水声较为灵动，脆如鸟鸣，伴着夏风拂过树叶时的"沙沙"声以及林中的虫鸣声，奏成一曲和谐的乐章，跳动着可爱的音符。我们陶醉于这美妙的音乐盛会之间，也沉浸在对大瀑布的向往与遐想中。

走了半公里的山路，忽然树之尽头，眼前一亮，一幅盛景突然呈现在眼前，人们都有点儿措手不及了。瀑布如一卷叶帘，倾泻而下，又宛若万马奔腾，势不可当。声之浩大，盖过了人喧马啸，天地间只存一片奔腾的水声，那场景，似一幅白绢从机杼上倾泻而下，在岩壁折为几叠，顿时就演变成了千万架织布机在空中大合奏，响遏行云，惊心动魄。心中不由惊叹徐霞客描写之精准："捣珠崩玉，飞沫反涌，如烟雾腾空，势甚雄伟；所谓'珠帘钩不卷，匹练挂遥峰'，俱不足以拟其壮也，高峻数倍者有之，而从无此阔而大者。"

良久，瀑布水势越发宏大，使人心中不禁有肃然起敬之意，激起的水花、水珠，千朵万朵，腾空而起，随风飘飞，于是便到处浮游着淘气的水珠。若有更盛之时，竟似云如雾，大浪般朝我们袭来，打在脸上，竟有些生疼。还有些扯上云端，在阳光的照射下，竟筑成了一道道彩虹，泛着金光，漫天腾飞，吞云吐雾，直冲青霄，再一颗颗落下，仿佛下了一场"金子雨"，心下震撼不已。

瀑布落于一片山谷之间，群山小径，寂寥无声，唯听那雄伟磅薄的瀑声在其间震荡回响，仿佛四面有声，更似有千万架直升机在山谷间盘旋，四周乐声齐鸣，山谷回应，心飘荡在乐海中。乘着船儿，划过千山万水，每一处景都在歌唱，诗意地歌唱着，身体也如新生一般，充满了无限的活力与激情，感受着自然的伟大与恢宏。

来到谷底，我立于一块岩石上，望着雪白屏障样的瀑布，这美妙的帘啊，仿佛一伸手便可将它拉开似的，我幻想着人若是住在这帘里，拉开它，便是一个崭新的世界。这流水般的帘啊，仿佛由一丝丝光滑、平柔的线条组成，似一袭银裙，给人以华美的享受。

久坐岩上，闭目沉思，除了一颗一颗沁凉的飞珠扑打在我的脸上、我的衣襟，就只剩这瀑声了，人的胸怀也瞬间变得宽广，像越张越开的山谷，瀑布便由其间奔涌而来，冲走了灵魂的杂质，经受洗礼的心灵纯净且富有朝气。

我们都沉静了，聆听着风声如诉，聆听着瀑声高歌，山河如画，壮丽多娇。

风是有颜色的

华雨欣

　　都说风是看不见摸不着的，就像隐形的翅膀，经常跟人们捉着迷藏，任凭你怎么找也找不到。其实，风是看得见的，而且它还有颜色呢！

　　由于昨天我睡得很晚，所以今早爬不起来，当我醒来的时候，闻到了一股淡淡的香味。啊，谁又给我做好吃的啦？香味刺激着我快速刷牙，洗脸，去餐桌。

　　哦耶！妈妈今天早上给我做了皮蛋瘦肉粥。妈妈给我盛了一碗粥，我看着看着，不知不觉口水流了下来，我迫不及待地拿起勺子，舀了一勺就吃，"啊！好烫。"我把粥吐了出来，张大嘴巴，用手扇了扇。"哎哟！妈，我烫到了。""心急吃不了热豆腐，叫你急，好笑！"我心想：妈妈原来不是这样对我的啊。过了一会儿，妈妈又说："哎呀，我的小乖乖，你能不能让我省点儿心。"妈妈瞧我这"熊样"，赶忙帮我吹着粥，只见粥上的蒸气时不时地向我袭来。哇！好香！就像有一股甘泉，流进我的心田。

　　原来，风是有颜色的，它是淡淡的白色。

　　一个夏日的夜晚，家里停电了，风扇自然吹不了。我翻来覆去睡不着，一下往左翻，一下往右翻，床"吱呀，吱呀"地响着。妈妈就睡在我隔壁，我心想：我可是家里的小公主，在这停电的夜晚，妈妈为什么不来给我扇扇子呢？我正想着，忽然听见了开门声，"一定是妈妈来了！"我好像看见了一把蓝色的扇子，妈妈拿着它轻轻地走到我身边，坐在床沿上给我扇扇子。啊！好舒服啊！像一缕缕秋风吹着我，凉爽极了。我很自豪，因为我有一个好妈妈。忽然，我觉得有小水滴滴在脸上。"是妈妈的汗吗？"我猜测着，"应该不是的。"就这样，我进入了甜蜜的梦乡。

原来，风是有颜色的，它是浅浅的蓝色。

今年，学校举行了一年一度的运动会。我参加了跳远比赛，当时竞争很激烈，妈妈特地来给我加油打气。比赛马上要开始了。"为什么我总感觉将有不好的事情发生。我怎么会如此地紧张呢？哎呀！别乱想啦，老妈不是在嘛。"我一直忐忑不安着。

不一会儿，只听裁判员大声说道："请0413号选手做好准备。"妈妈和蔼地说："我的宝贝女儿，好好比赛！"正当我奋力向前方跳去的时候，不知赛道上哪来的一个小石子，硬生生地把我脚底硌出一个大血泡。一股钻心的疼痛传遍全身，我不得不踮着脚，一步一拐地走出赛道。妈妈看到了，连忙跑过来抱起我，往看台方向奔去。我坐在看台上，看着妈妈从包里拿出棉签和紫药水，一边吹着我的伤口，一边用紫药水给伤口消毒，一副神情凝重的样子。

原来风是有颜色的，它是暗暗的紫色。

我们沐浴在妈妈吹来的各色的风中，快乐地成长。

猪形百态

顾迦敏

说起猪，给你们的印象是什么？仅仅是美味的猪肉，还是停留在脏兮兮的猪圈？那我就得告诉你——NO！

世间万物都不是十全十美的，臭烘烘的猪圈让我发呕。可最后，我经过几次考虑，仍选择进去。刚踏进猪圈，猪圈便发生了翻天覆地的变化。

瞧，有的小猪仿佛见到了世界末日一样，东逃逃，西窜窜，把铁丝网的一角挤成了"猪山猪海"。有些竟开始叠罗汉，把头拱到地里，直想拱出个洞，好溜出去。有的却冷静坦然，瞧也不瞧我一下，正常地进食、撒尿。更令我吃惊的是，有些竟然前蹄跨在食箱上，用蔑视的目光看着那些被吓得惊慌失措的同伴，仿佛在说："你们这些胆小鬼，竟被一个小孩儿吓得屁滚尿流的，真是丢尽了我们猪家族的脸呀！"……片刻混乱之后，小猪见我没有任何恶意，又恢复了平静，各干各的事。

"唉，真可爱！"我不禁被眼前一头通身粉红的小猪吸引住了。它扑扇着两只比巴掌还大的耳朵，眯着两个像巧克力豆的小眼睛。大鼻子总是向上翘着，露出了两个圆溜溜的大鼻孔，像是通风孔，逗得我哈哈大笑。大肥肚子里面像装了许多大弹簧，走起路来，摇头晃脑，弹性十足，屁股，一扭一扭的，尾巴，一甩一甩的，可爱极了！

最有趣的是小粉猪吃食了。开始吃食了！小粉猪疯狂地跑过来，却轻轻地低下头，用自己湿湿的鼻子拱了拱食物，又嗅了嗅，接着就开始吃了。你瞧它那样子，像千年没吃到东西似的，风卷残云般地吸入食物。眼看食物快"光槽"了，小猪似乎懂得适可而止，又安逸地散步去了。

今天，粉嫩嫩的小猪让我对猪的态度来了个180度大改观。你，有没有被小猪萌到呢？小猪是不是很可爱呢？

丹丹，你怎么看？

彭丹丹

网络上有句话："元芳，你怎么看？"火到爆了！我细细对照了一下自己的生活。天哪！它不知什么时候早就在我身边定居了，只不过统一换成了："丹丹，你怎么看？"

一

"这个玩偶我就是喜欢！我买了！""哇！好可爱的阿狸哦！"今天，我与闺密来到了玩具店，她一迈进店内，一眼就相中了那个阿狸玩偶，双眼都快冒出桃心来了。

"丹丹，你怎么看？"她头也不抬，上上下下摆弄着玩偶。我仔细地打量了一番，要说造型是蛮可爱，但我不喜欢过于幼稚的东西，就轻声地说道："这个可以。不过，就是……"

"什么不过！这个玩偶我就是喜欢！我买了！"闺密抑制不住满脸的兴奋，掏出了钱收藏了这件宝贝。

二

第二单元的英语测试成绩，终于下来了。我的心也凉了——74分，这可是我有史以来这门学科的最低分呀！我惴惴不安地回到了家里，心里早已知道接下去会发生些什么。

"你怎么了？竟然连题目也会看错？你怎么会考出这样的成绩？"老爸果然没有让我"失望"，一看到卷子上鲜红的分数，连珠炮似的向我质问。

"我……我不想多说了！丹丹，这次考试你怎么看？你自己说！"

"这次……考试……"

"说话吞吞吐吐的，早干什么去了！"老爸还没等我说好，又一波"攻击"开始了……

三

"啪！"我这个厨房白痴，又把盘子给打碎了！我的零花钱又危险了！

妈妈推开厨房门，一脸坏笑，缓缓地说道："丹丹，你怎么看？"

"我，我再去买一个回来。大不了，少吃点儿零食！就当减肥不行吗？"

"死要面子，活受罪！我可事先声明，买一个不行，加上利息应该是两个哟！"

"丹丹，你怎么看？"我怎么看？你们真的想听我说吗？

作业，有得"商量"

邬任泉

做啥作业也有得商量？不可能吧？但这事确实有，而且就发生在我们班上。

听说这学期我们班新换了个语文老师，大家都议论纷纷，因为不知道新老师会不会像以前的语文老师那样，每天都布置七八项作业，还是只是象征性地布置一点儿作业呢？

这个话题一直议论到新老师走进教室才停止。老师一进教室门就好像看透了我们的心思一样，对我们说："我布置作业，一般只有三项。但是如果哪个调皮鬼捣蛋、开小差或者不写作业，那我可能会给你单独加作业。"一听这话，我心上的石头落地了，可却有人欢喜有人忧。

才没过几天，就有一部分"小淘气"违反了约定，不写作业，上课不认真，结果受到了老师的单独"优待"——罚抄课文。这边老师刚宣布了处理决定，下边那些没被抓到的"幸运儿"就开始窃窃私语了："你说老师是不是太严了？""就是，昨天张静仪明明是预习了课文，不就是家长忘记签字了，怎么也要罚呢？"听到下面一阵躁动，老师又说了："有些同学可能觉得一部分作业是不需要做的。好，那现在你们来说说哪些作业是不需要做的。如果说得有道理，以后就可以取消不做了。"

要知道，我们班可是全校有名的"大胆班"。教室里只是沉默了一分钟，就有人举手了。这位"胆大第一人"站起来说："老师，我们六年级了，不要抄生字了。这些是一年级小朋友的作业。"听到有人开了头，其他"小懒虫"就再也坐不住了，纷纷举手发言。还有一些同学干脆手也不举，在下面叫叫嚷嚷地说哪些哪些作业不需要，哪些哪些作业不合理。整个教室热闹得像菜市场一样。老师边听边在黑板上写着："抄写生字并组词、抄写词语盘点、背诵课文、预习课文、看书、摘抄好词好句……"

看到大家说得差不多了，老师也写得差不多了，热闹的教室终于安静了下来，轮到老师讲了。

"抄写生字词，每课也不多。"听老师这么一说，我们翻开语文书一看，全册一共才一百二十个要写的字。每课只有八九个要写的字，最多也只有十二个。看到这里，我们也不好再说什么了。

"背书，会让你牢牢地记住重点；预习，使你学新课文更轻松；看书，摘抄好词、好句、好段可以丰富你的课外知识……"听老师这么逐一跟我们解释，我们这才恍然大悟。原来，老师布置的这些作业并不是没用，而是我们没有领悟到它们的用处，进而不喜欢、嫌麻烦才"要求"取消的。看到大家鸦雀无声，老师接着又说："作业在精不在多。周一至周四我每天只会布置三项作业，周五我也不会布置太多的作业。大家放心好了！"

听老师这么一说，大家纷纷表示："如果这一点儿作业都做不完，那我们还是六年级的小学生吗？"从此以后，我们班再也没有不做作业的"小懒虫"了。

拥有翅膀的天使

小小厨师大显身手

吴国桢

　　唉！想想我一直过着"衣来伸手，饭来张口"的日子，确实不太像话，今天，就学着妈妈的样子尝试炒炒菜吧。

　　首先，我从冰箱里拿出光滑可爱的蘑菇，你看，一个个圆溜溜的！我轻轻地把小蘑菇放进浅蓝色的盆子里，一转水龙头，水便"扑哧"一声冲了下来，水花四溅，蘑菇争先恐后地探出水面，姿态各异，有横着的、竖着的、斜着的……舒舒服服地享受着小水滴的沐浴呢！我把蘑菇转了几圈，弄得它们晕头转向，好玩极了！

　　我捞出蘑菇，放在雪白的砧板上，拿了一把小菜刀，摆好架势，轻轻地把滑溜溜的蘑菇切成两瓣，有点儿大了，又切成了四瓣，哎呀，又太小了！我想把它们并起来，可蘑菇就是不给我面子，撅起小嘴巴，白肚一凸，掉了下来。唉，只能这样了。

　　接着，我把凉丝丝的瘦肉从冰箱拿出来，用解冻刀小心翼翼地把它切成肉丝，再在肉丝里加上一些地瓜粉，滴上几滴麻油、酱油和水，加了一点儿食盐，再加上一点点醋，使劲儿揉搓。揉搓后，放置十分钟，这样更入味。呀！这十分钟太久了，我迫不及待地一闻，哇！简直比花儿还香，让人陶醉！

　　我回过神来，急忙点火热锅，火势渐渐旺盛起来，这是在催促我快点儿炒菜呢！我在铁锅里放了些金黄色的花生油，锅里马上发出"哧哧"的声音，再拿起腌制好的香喷喷的肉往里面一倒，锅里顿时发出了"噼里啪啦"的声响，油溅了出来，幸好我闪得快，才躲过它的"突袭"。我又费力地拿起铁铲子，单手用它把瘦肉翻来覆去地煸炒。我左手酸了换右手，右手酸了换左手，酸得都快断了，好不容易可以放蘑菇了，我又艰难地炒了起来。终于大功告成，我欣赏着自己的杰作，那香味儿简直可以飘出十万八千里了呢！

香喷喷的佳肴，爸妈尝了以后，都赞不绝口，说我是个"小厨师"了！我心里美滋滋的，有一种说不出的喜悦。这次尝试炒菜，我乐在其中哦！

镜头里的姐妹趣事

张佳梁

自从有了一个活宝小妹，我的生活就发生了翻天覆地的变化。我们之间发生的事情多如天上的繁星，数都数不清，酸甜苦辣，样样俱全，就先细数几件趣事吧！

镜头一：反裤事件

一天，妈妈有事出去了。

"姐，姐姐……""去，一边玩去吧！"我含糊地答应了小妹，如珍似宝地捧着零食，津津有味地吃着，眼睛像被一根无形的线拉住似的，盯着电视眼皮眨都不眨一下。是啊，生活多么美好！享受着空调送来的凉风，再望一眼窗外，葡萄树焕发出蓬勃的生机。叶子铺在架子上，绿得生辉，绿得发亮，葡萄一串一串争先恐后地露出来，晶莹、饱满、透亮，看一眼都能让人"口水流下三千尺"。连那此起彼伏的蝉鸣都显得如此悦耳动听，偶尔几只小鸟也会叽叽喳喳地叫上两声，平添了许多情趣。

妹妹的声音把我从美景中拉了回来："姐……佳羊（梁）……""我的千金大小姐呀！您能别烦人吗？"我说着，扫了小妹一眼，却一下子定在了她的身上：只见小妹一脸无辜地看着我，眼睛挤成了三角，脚边有一摊水，短裤湿漉漉的。天哪！小妹不会是尿裤子了吧？那刚才她叫我莫不是为了这个？唉，妈妈要是知道了，一定免费赠送我一顿臭骂。现在只有一个办法——神不知鬼不觉地把裤子换了，再把那条偷偷地晾干，妈妈又不会记得妹妹穿什么裤子。

我埋头从衣柜里扒出一条短裤，手忙脚乱地给小妹套了上去，忙得满头大汗。就在这时，妈妈推门而入，我正暗暗庆幸自己的身手快，妈妈却瞟了我一眼，冷冷地说："张佳梁，怎么让你看着小妹，倒把小妹的裤子'看'反了？说，怎么回事？""什么？"我这才发现妹妹的裤子穿反了，顿时呆在了那里。

镜头二：飞人事件

"冲啊！为晚上看电视而哄小妹啊！"小妹坐在她的小车上悠闲自得地看着风景，而我呢？正气喘吁吁地在院子里卖力地给小妹推她的小车子。

唉，世道沧桑，我竟然沦为了"车夫"，为看一会儿电视就得在院子里推着小妹满圈地跑，妈妈忙着做饭，爸爸早不知溜到哪里去了。凭谁问，姐姐推车矣，尚可累否？"哇！快，快快……"我稍一停下来小妹就不满地喊着，行，姐姐就给你来个刺激的！走啦！我跑着推着，小妹兴奋地尖叫起来，高兴极了。可是，意外总在不经意间发生。

转弯时，小妹侧了一下身子，就一下子被甩了出去，跌了个嘴啃泥，连带着车子上的塑料圈也掉了下来。接着就是小妹"大开哭戒"的时候了，果不其然，那哭声撕心裂肺，要把天都哭塌了。妈妈闻声赶来，处罚当然是一个星期都不许看电视。

唉，"苦苦苦，不苦如何通筋骨"，姐姐何时看电视？把话问青天！

虽然我这个妹妹呀，是个大活宝，也是个小麻烦精，可她和我也拥有了那么多的快乐！我是一边烦恼，一边也乐在其中。

捉"家贼"

朱家仪

对于我吃巧克力的事，妈妈对我管得实在是太严了，连姥姥也怕她三分。于是，我被迫成为一个"家贼"，常常偷吃巧克力。但是，有一天我惊讶地发现，我家的"家贼"不止我一个，妈妈竟然也是"家贼"！

姥姥最疼我，送给我两盒巧克力。姥姥怕妈妈发现，再三叮嘱我要藏好了，一个人神不知鬼不觉地偷偷吃就行，但每天只能吃一块。

我朝姥姥狠狠地点头，然后抱着巧克力左转右转，终于找到了一个隐蔽的地方——玩具盒，我把巧克力放了进去。每天，我都会趁妈妈不注意，从玩具盒里拿出一块巧克力来偷吃。

一天，我又去取巧克力，发现巧克力一下子少了好几块。我的巧克力被人偷吃了！是谁偷吃了我的巧克力？我想：姥姥最爱我，肯定不会偷吃；姥爷牙不好，也不会吃；爸爸喜欢抽烟，从不吃零食，所以他也不会吃。嫌疑最大的只有妈妈了。可是，妈妈，她会偷我的巧克力吃吗？按照常理，她发现我偷吃巧克力，会直接没收，然后大骂我一通，她没有理由偷吃呀！

我有过当"家贼"的经验，知道"家贼"喜欢选什么时机作案。

晚上，我早早上了床，不动声色地假装睡着，但耳朵竖得老高，仔细听外面的动静。只听见玩具橱那边发出了翻东西的声音。我立即爬起来，踮着脚尖，悄悄拉开门。天哪，妈妈正弯着腰，背对着我拿巧克力呢！我一下冲进去，妈妈吓得赶紧将身子转了过去，假装在找东西。我扑上去，扒开妈妈的嘴巴。巧克力还没化透，把妈妈的舌头染得黑不溜秋。

人赃俱获，我要一雪前耻，对妈妈兴师问罪："你是'家贼'，偷吃我的巧克力！哼，你不让我吃，你却偷吃……"妈妈没想到自己会被逮到，尴尬得直笑。我接着说："被人逮的滋味不好受吧？"我又学着妈妈平时的样子，凶巴巴地说："再偷吃，把你牙齿都烂掉！"

妈妈忍不住了，"扑哧"一声笑了起来。其实，她早就知道姥姥给我买了巧克力，不忍心揭发我，才故意装作没看见的。只是，妈妈也很爱吃巧克力，又不好意思朝我要，就当了一回"家贼"。

给四季提建议

曲飞璇

　　春天，你让百花露笑脸，你让雨儿贵如油，你让绿色铺展开，你让燕子飞回来，你让我们的世界生机勃勃、美丽无限。我爱你的五彩缤纷，爱你的温暖宜人，爱你的绿树红花。可我想给你提几点建议，让你更加完美，好吗？一、你乍暖还寒，我希望你能一直温暖着，不让人们以为冬天又来了；二、你在空中抛洒花粉，皮肤过敏的人会很难受，希望你抛出的花粉能得以升级，不会让皮肤过敏的人浑身痒痒；三、许多花开不了多久就败了，令人惋惜，希望你能想方设法让花儿多绽放些时日，让它们能长久地美丽人们的心情。以上三点建议，若你能满足我一点，我就知足了。

　　夏天，你让小麦成熟，你让浅绿升级为浓绿，你让西瓜长蜜，你让大地吐火，你让大雨滂沱。我爱你的绿荫，爱你的热情似火，爱你傍晚的彩霞和雨后的彩虹，爱你给我们提供的可以洗澡、玩乐的浅水塘。可我想给你提几点建议，让更多的人都喜欢你，好吗？一、不让天气长久干旱或下暴雨，不制造旱灾和洪涝灾害；二、让瓜果里长满蜜，让小麦籽粒饱满，让田野丰收迷人；三、让烦人的蚊蝇远离我们，不让它们聒噪我们的心。以上三点建议，你若全部采纳，那么人们都会喜欢你的。

秋天，你让田野一片金色、丰收在望，你让黄叶如蝶般飞舞林间，你让菊花美、桂花香，你让枫如火、霜满天，你让中秋月圆人团圆。我爱你的丰裕，爱你的凉爽，爱你的中秋大团聚。可我想给你提几点建议，盼你能多姿多彩，好吗？一、留住燕子、大雁，让它们不飞回南方；二、让更多的树叶变红，点燃沉寂的山川；三、让天空能多晴朗一段时间，好让农民伯伯把收获的粮食全晒干。以上三点建议，你觉得哪一点更容易变成现实呢？

冬天，你让寒风吹口哨，你让大雪染白四野，你让蜡梅美丽绽放，你让火堆温暖脸庞。我爱你的千里冰封、万里雪飘，爱你的银装素裹、火锅上场，爱你的厚重与可爱。我想给你提几点建议，让你变得更加可爱美丽，好吗？一、多下大雪，让雪给小麦盖上厚棉被，让我们能多堆一些雪人，但别让大雪覆盖在公路上，造成交通事故频发；二、少刮风，让人们出门不再缩头缩脑；三、让池塘结更厚的冰，让我们可以在冰上飞来飞去。以上三点建议，你能否全部采纳呢？

春夏秋冬，希望你们能多采纳我提的建议，让人们更加喜欢你们，让人间更美丽、可爱、平安。

好一个"毛血旺"

徐昊一

"毛血旺"，我的拿手好菜！你一定将信将疑：这菜你也会做，吹牛吧？耳听为虚，眼见为实，跟我去一探究竟吧！

准备好花菜、土豆、火腿肠、牛肚等食材，就可以开始烹饪了！先倒半锅水，煮沸，按自己的口味加入火锅底料。然后放入洗净切好块的土豆，待土豆变得有些软后，加入花菜，用大火炖煮一会儿。最后把火腿肠、牛肚等熟食一股脑儿地倒进去，再炖一会儿，锅开了，冒气了，撒一把青葱花，一道美味就做好了。

看，一盆热气腾腾的"毛血旺"出锅了，先一睹为快吧！

放眼看去，有一种在云雾中看海岛的感觉。一小块一小块的花菜，一大块一大块的土豆，像大小不一的小岛错落在米黄色的"汤海"中。土豆敦厚的土黄，花菜素雅的淡黄，汤汁纯净的米黄，和谐地融为一体，黄绿的花菜茎在"汤海"里若隐若现，别有一番情趣。辣油星儿与葱花似小鱼一样在"汤海"中嬉戏，个头庞大的火腿肠片像巨轮一样在"汤海"中游弋。火腿肠片还不耐烦地将"鱼儿"推向一边，自顾自地在"汤海"中行驶。好一个色泽诱人的"毛血旺"！

看着看着，你是不是已经垂涎欲滴了呢？好了，下面开动筷子吧！

按我的喜好，首要目标就是土豆，尝尝它是不是煮得最软，最入味？夹块土豆，放进嘴里，牙齿刚碰了一下，土豆便乖乖地碎裂成几小块。嚼几下，汤的辣已被土豆微甜的本味中和了，取而代之的是牛肚的醇香和各种美味的混合，真让人爱不"释"口。咽下去，一股辣味便率先冲了下去，在喉咙中、食道里四散开来，让人欲罢不能。品完土豆，再来尝尝牛肚吧。一入口，一股辣味便在口中弥漫开来，嚼几下，那韧性十足的质感定会让你回味无穷。此时，再抿几口汤，一股热流传遍全身，辣味肆意，让人精神为之一振。好一道味道醇美，让人精神大振的"毛血旺"啊！

孤独星球里的一只狗

　　之前我是孤独的，一个人独来独往。闪电侠来了之后，成了我的知己。它每天都陪着我，好像懂得"读心术"一样，当我开心时，它便翻过身来撒娇，让我摸它的肚子；当我静静地读书时，它就安静地趴在一边，一声也不吭。

夏天的雪糕真酷

张　然

　　气温一天天高了起来，这样的天气，汗总是"哗哗"地往下流。我像在一锅沸腾的热水中挣扎的菠菜叶子，热得上气不接下气，浑身都打蔫儿了！每年到这个时候，我总会想起我最爱吃的雪糕！哇，只要吃到雪糕，我的炎热就会被雪糕的清凉赶得无影无踪！别看我才十一岁，我可是吃雪糕的元老了！我最喜欢吃的雪糕名叫"雪贝儿"，才五毛钱，但是味道好极了！打开它透明的黄色包装纸，一位可爱的"美人儿"立刻吸引了我的全部感官！只见它上穿一件碧绿纱衣，下穿一件黄色丝绸裤，搭配成一身可爱的演出服！仿佛音乐一响，它就要翩翩起舞了，而我的嘴巴就是它最好的舞台！这种雪糕最鲜美的味道是它的绿纱衣，那可是一块货真价实的果冻，还是鲜苹果做的，刚打开包装袋，一股苹果的清香扑鼻而来！我的口水已经滴答滴答等不及了，一口咬下一大块！

　　最初，我把雪糕纸和雪糕棍儿都当垃圾扔到垃圾桶里。后来，我才知道，雪糕棍是可以回收的，它可以做成家里的装饰品。做的时候，一点儿也不复杂，把雪糕棍拼成你想要的形状，用胶水粘上，再用调色盘把颜色调出来，最后用画笔在想要的形状上涂上颜色。拼成一个小筐子，放水果正好；拼成一个小垫片，可以放杯子、盘子。另外，还可以用画笔在单独的一根雪糕棍儿上画上各种可爱的图形，做成可爱的书签儿夹在书里，好方便啊！

我在家乡还看见婶婶大妈们把雪糕的包装纸捡起来，特别爱惜地攒着，我很不理解，那能做什么呢？后来，我才发现，她们是把雪糕包装纸攒到一定数量，用来制作门帘。怎么做呢？大概是这样的，用铁丝把卷成一卷的包装纸挨个儿穿起来，就成了漂亮的门帘了，又结实又好看还很环保！远远一看，还是一幅色彩斑斓的抽象画呢！

猴哥减肥记

赵佳瑞

猴哥自从西天取经回来，一天到晚在家里闲着，没事儿干，整天地看电视，吃零食，吃零食，看电视。原本八十斤的猴哥现在已经变成一百八十斤的大胖猴啦，比师弟猪八戒还要胖。有一天，他想出门呼吸一下新鲜空气，谁知，刚站到筋斗云上，他那超标的体重就把筋斗云压坏了。

猴哥下定决心要减肥。

刚开始，猴哥准备去美容院抽脂，刚到美容院门口就听到里面鬼哭狼嚎："啊——受不了啦，疼死啦！"心想：哎哟妈呀！这简直是杀猴嘞！不去，不去。

离开美容院，猴哥遇见猪八戒在路上散步，就跑去问猪八戒："呆子，你现在咋变得这么瘦了？"猪八戒得意地说："俺老猪是在

孤独星球里的一只狗

沙师弟那儿减的肥，他有一个……"还没等八戒说完，猴哥就以每小时五百米的速度向沙僧家径直走去，因为筋斗云被他压坏了，跑又跑不动，这一路可把他累坏了。没关系，猴哥下定决心要减肥！

终于到了沙僧家，猴哥见到沙僧，拉住他的手，气喘吁吁地说："三师弟，快给我减肥妙招。"结果，沙僧一本正经地说："大师兄，减肥妙招我的确有，给你也不是不行，但你得给我干一个月农活。"猴哥眼一瞪嘴一�’，心想：我堂堂一个大师兄，问你个减肥妙招还得帮你干活？好吧，算你狠，为了减掉一身肥肉我拼了！

猴哥真的是下定决心要减肥。

这一个月，猴哥早出晚归，为农田浇水、施肥、除草。终于到了月底，当猴哥追问沙僧减肥妙招时，沙僧什么也没说，让他照照镜子。猴哥一看，呆了："啊，原来这就是减肥的妙招啊！妙！妙！妙！"

那么，减肥妙招是什么呢？

094

"藏"书记

何　霆

我的读书经历是多彩的，有时我看得津津有味，心情愉快，有时我泪落如珠，有时我背冒冷汗……总之我有一段段读书"历史"，你愿意听听吗？

我爱"藏"书，"藏"非一般意义上的收藏，而是另有一番用意。我"藏"的书也非一般意义上的书，而是漫画书。有时啊，天气与我的心情也是很相合的。

星期天的早晨，一般都是美好的，因为太阳笑得灿烂，人人都多了些充足的时间，脸上都挂着高兴的表情。我也很高兴，因为只要全家人都走光光，就是我独个开漫画Party的时候。我是漫画迷，每周必买一本《漫画世界》，我还把钱攒起来买《乌龙院》《神精榜》等漫画书，并且还不时和班上的漫画迷互相换书看。我很开心每周都有一大摞漫画书陪我玩哦！我看得急急忙忙，囫囵吞枣，因为妈妈要求我必须在完成作业的前提下才可以看漫画。可作业那么多，这漫画又这么有趣，我实在急不可耐。不争分夺秒，抓住这美好时光，就准看不完，所以搞得我惶惶不安，几乎想与漫画合二为一，忘了时间，忘了自己，把一切事情都忘了，旁若无人，几乎就进入漫画仙境了。

突然门铃声大作，准是爸爸妈妈买菜回来了。只听他们在门口喊："何霆，我们没带钥匙，快来开门！"为了多看一会儿，我扯开喉咙在里面嚷："哎呀，你们再等一会儿，我在上厕所。"看了一小会儿，门铃又响了，而且伴着有些"严重响亮"的拍门声。"先把书放到厕所里，等会儿找理由进去看！"我灵机一动，快跑到厕所放好书，再狂奔到门前打开门。我皱皱眉对妈妈说："妈妈，我还有些拉肚子！"说着又往厕所奔，还把厕所门反锁上。坐在马桶上，翻着心仪的漫画书，我如饮琼浆，仿入芝兰之室，看得津津有味。忽然厕所门又拍响了，传出老爸的质询："何霆你还好吧？都耗了十多分钟了，要不要上医院？"没办法，不能装得太过，于是我只好结束了一早上的看漫画时光。

下午，妈妈加班写材料，爸爸在电视旁看球赛，我重新开始了我的漫画旅行。妈妈打字慢，爸爸是超级大球迷，可没工夫来管我。我这次从容不迫地翻着，看的速度像蜗牛爬，慢工出细活嘛，这些漫画实在是太有趣了！李小猫怎么这么帅？阿亮怎么这么搞笑？阿呆怎么

孤独星球里的一只狗

能呆得如此可爱？忽然，我手中空了，映出妈妈一张严肃的脸。啊！怎么老妈半路杀个回马枪，把我的"小漫"截获了？"何霆，妈妈每天让你看课外书一小时，就是看这漫画书？你看你的家庭作业——'一代天骄成吉思汗'都默写不对，成了'一代天娇成吉汗斯'！先把作业改了再说！"妈妈随手就缴获了我一本《漫画世界》，两本《神精榜》。临走还嘱咐我每天必须坚持看一小时课外书，否则每周买《漫画世界》的"银子"也将彻底没收。

唉，我重新坐到书桌前，开始改正我的错字！今天的藏书经历就此告终，但是，我要越挫越勇，为了能看上漫画而奋斗不止！

又见面了

张楚昀

沙漠旅行结束了，小骆驼来到了小溪边，正巧又碰上了那匹小红马。小骆驼见小红马不说话，就先跟它打招呼："记得我吗？老朋友。"小红马连正眼也没看小骆驼："丑骆驼，你还敢和我打招呼？"小骆驼并不生气，慢慢地说："你嘲笑我的肉疙瘩、脚掌、睫毛丑，可正因为它们，我被人们称作'沙漠之舟'，敢和我去沙漠里比试吗？"小红马猛一抬头："说什么？比就比！你小心点儿，到时我可不等你！"小骆驼说："那好，走！"

小骆驼和小红马走进了茫茫沙漠。小红马每走一步都会陷进松散的沙子里，非常困难，而小骆驼却身轻如燕，越走越快，一会儿就走到了小红马前面。小红马走得好累好累，叫道："喂！你拉我一把！"小骆驼说："累了吧！这就是我脚掌的用处。"

说话间，一阵风沙铺天盖地刮过来。小骆驼俯下身子，闭上鼻孔和眼睛，小红马呢，不知所措地站在那儿，一点儿防备也没有。一会儿，风沙过去了，小骆驼的鼻孔和眼睛里没进一点儿沙子，小红马的鼻孔、眼睛里却都是沙子。小骆驼说："还比吗？"小红马当然不甘心输，说："当然，我就不信会输给你！"

它们往前走了好一会儿。小红马又饿又渴，小骆驼却一点事儿也没有。小红马说："你不渴吗？"小骆驼说："我背上两个肉疙瘩叫驼峰，里面储存着养料，我在沙漠里行走三天三夜都没事。"小红马这次可真服了小骆驼了。

沙漠比赛结束了。小红马很羞愧，它告诉别的小动物，它懂得了一个道理：判断事物的美丑，不能只看外表，要看实质，看它有没有用处。

新官上任一桶水

陈元哲

我升官啦！我现在是"中层干部"了！就在昨天，我们英明伟大的班主任任命我为生活委员。都说新官上任三把火，没料想我这个新官上任却先搬了一桶水。

这不，我们学校与另一所小学进行了一场篮球比赛，赛场上的球员打得天昏地暗，赛场边的我们也费力摇旗呐喊。同学们喊得嗓子里直冒烟啊！以施峻为代表的广大同学抱怨道："热死了！着火了！"作为班干部，总得出面解决一下吧。

我和另一位"中层干部"——董一源，决定去找寻珍贵的水。我们来到了教室，教室里的饮水机早就唱起了空城计。这时，我们碰到了郭欣怡同志，她一见我们就说："一楼到四楼我都看过了，想找一小桶水，结果一桶也没找到！"我和董对视一下，决定再去看看！郭欣怡在后面大叫："没用的，我都看过了！"但我们头也不回，继续前进。

到了放水处，我们奇迹般地看见了一堆18升的水桶藏在角落里。但问题在于，根据经验，我知道我们俩谁都无法搬动这重达18千克的水！再说，如果我们两个干部抬着水桶回教室，也太没面子了。我再三询问身边的伙伴："这好吗？"董一源无畏地回答："为班级做贡献，两个和尚抬水喝。"

098

于是，我们抬起一个水桶就向教室走去。路上，有个小朋友还拍了一下水桶，他可不知道，这一掌有多重啊，我们差点儿把水桶扔到地上。小屁孩儿，不是有水桶在手，我一定要好好批评教育他一下，太不拿我们当干部了！

我俩抬了三十多米就花了三分钟，不过，终于到楼梯口了！姜路成迎面走了过来，我大叫："帮忙！"姜路成看我们两个弯腰驼背的样子，不屑地说："帮我拿着水杯！"但他马上又变卦了："算了，还是你们搬吧。我去办公室接水喝。"看到他转身就走，我急了，怒道："不长心！"然后继续挪动我们的脚步。

不到教室非好汉！屈指行程两万厘米哦！

终于上了三楼，区区四十八级台阶，我却好像用了爬四十八层楼的力量。下一步，再抬二十余米便到教室了！我和董一源咬紧牙关将水桶艰难地抬向教室，几个同学却在旁边嘻嘻哈哈地说："快点儿！

不然打屁屁！"

我已没有力气和他们理论，只能在心里默默愤恨："没有良心之人！"

终于到了教室，我已经用尽了最后一丝力气，将水桶放在饮水机上，然后回到座位，瘫在了椅子上，全身犹如一摊烂泥。

新官上任一桶水，当领导真辛苦啊！

小鸡破壳

李 晨

先给大家讲一个小鸡快跑的故事吧——

英格兰一个养鸡场里，一出悲剧正在上演。养鸡场的主人特维迪太太贪得无厌，一心只想着让母鸡多下蛋，而特维迪先生则带着两条狼狗整天监视着母鸡的一举一动。要是哪只母鸡下的蛋少了，那她随时就会遭受灭顶之灾。母鸡金婕聪明而且有胆识，她绝不屈从于这种奴隶般的生活，决心带领大家一起逃出养鸡场！逃跑总是失败，金婕一次次被关进了禁闭室。屡次失败不但没有改变金婕的决心，反而让她更向往自由。后来，她们想出了制造飞行器的主意。最后，勇敢的金婕和伙伴们战胜了贪婪的特维迪夫妇，飞向了自由幸福的世界。

一只小鸡就要破壳而出了！母鸡妈妈漫长的等待，终于等来了欣喜的一刻——迎接她刚出生的小宝宝。大家快来看看吧——

我家的母鸡下了两枚蛋。一枚蛋不大也不小，另一枚蛋非常小，就像一枚鸟雀蛋。我突发奇想：让母鸡孵这两枚一大一小的蛋，会不会孵出小鸡呢？我把鸡蛋放在草垛上，母鸡呢，好像服从命令似的蹲到了蛋上面去。可妈妈却说："鸡蛋少了，母鸡是不会孵的。"于是我又从篮子里取出六个鸡蛋让它孵。

第一天，我去鸡窝旁，看见母鸡正一动不动，聚精会神趴在窝里，就没去打扰它。第二天依旧……一个星期过去了，它们还好吗？当我走到鸡窝旁时，被眼前的一幕惊呆了：地上有两枚已经碎了的鸡蛋。这是怎么回事呢？我反复思考：难道是母鸡认出那两枚蛋不是它所生的，故意弄出来的？也可能是有外来入侵者，母鸡与其斗争时鸡蛋被打碎了。我不禁为那两只夭折的小鸡默哀三分钟。

又过去了一个星期，这些天我一直在暗暗观察着母鸡的一举一动，它依旧那么安静，专心致志地趴在窝里。

时间过得可真快啊！二十一天以后，小鸡终于破壳而出了。

100

放 学 路 上

郑璐亚

放学了，今天我一个人回家。天气非常闷热，伴着西山的太阳，我背上书包，朝着家的方向走。

蜻蜓低低地飞着。俗话说："蜻蜓低飞将下雨。"可现在连一丝下雨的迹象也没有。狗照常趴在门前，懒洋洋地吐着舌头；猫蜷曲着身子，照常靠着墙角呼呼酣睡；蚂蚁照常忙忙碌碌地搬着粮食；行色匆匆的人们照常在街头南来北往……就在这不经意间，我忽然觉得周围暗了下来。抬头一瞧，顷刻间，天空就像打翻了的墨水瓶，一大团乌云正看着地上的一切。我心里不禁嘀咕起来：莫非，真要下雨了？果真，先是我的脸被豆大的雨点砸到，接着是头顶、手臂……雨滴越落越紧，越落越大。于是，一场暴雨拉开了序幕。

雨点"啪嗒啪嗒"地往下掉，我赶紧躲进沿街店铺的屋檐下。雨滴打在雨棚上，发出"噼里啪啦"的响声。这响声惊动了正在睡觉的猫，猫弓起背，竖起尾朝着狗叫；狗立起身，瞪大眼对着猫吼。

雨"哗哗哗"越下越大，仿佛从天上垂下一张无边的珠帘，让人看不清眼前的东西，只隐约看见行人撑着伞，急匆匆地奔跑。一会儿工夫，马路被车辆堵得水泄不通。轿车司机焦急得开始使劲儿按喇叭，卡车司机也"嘀嘀"地回应。"咿咿呀呀——"车内收音机里唱，"吱嘎嘎——"车窗外雨刮器也响，"哗啦啦——"大雨还是一直下，打到地上溅起小水花。路上的一辆辆汽车简直成了威尼斯的一艘艘小艇。

101

只见一位爷爷撑着伞，搂着小孙子，眯缝着眼睛跟跟跄跄地往前走。可调皮的小孙子看见了小水坑，挣扎着甩开爷爷的手直奔过去，任凭大雨淋湿了头发。爷爷在后面大声地呵斥，小男孩儿却使劲儿在水坑中"啪啪"地踩水。大雨还在"哗哗"下。

正在这时，一位拎着一袋水果的阿姨，走过小男孩儿身旁。忽然，袋子破了，水果漏了出来，在街上蹦蹦跳跳。看着散落一地的水果，阿姨大声抱怨这突如其来的暴雨。

突然，雨停了。雨过天晴，路上一片狼藉。火辣辣的太阳重新出现在蔚蓝的天空，伴着一道美丽的彩虹。

皱纹线 vs 身高线

朱卿斌

　　"长高了，又长高了！"每当我到爷爷家时，白墙上那一条条稍有些模糊的黑色细线，总让我有种说不出的情愫，思绪就飘到了我的童年。

　　每年一到春节，我就会去爷爷家玩。六岁那年，爷爷笑呵呵地走过来，轻轻地把我拉到墙边。咦？他这是在干吗呢？只见他拿着一把长尺、一支笔，左手在我头顶上一比画，右手拿着笔，"唰"一声，爷爷在110cm的地方画了一条又黑又细的长钱。看着"身高线"，爷爷脸上堆着笑容，摸着我的头："呀！都110cm了呢！"那时，我觉得身高尺可真是有趣啊，后来，一到爷爷家，没事我就往那儿一站，用手比一比，量一量。

　　然而，随着年龄的增长，我渐渐习以为常，不再感到新奇了。九岁那年，我到爷爷家玩，一群小伙伴拉着我去玩捉迷藏，我二话不说，拔腿就往外跑。就在这时，爷爷一把拉住我的手腕，又把我拉到墙边，帮我比画着。我可等不了，一只手被爷爷拉着，身体却要往外冲，但爷爷用力按住我，连拖带拉，硬在134cm的地方画了一条黑细线。"好了，去玩吧！"爷爷笑呵呵地对我说。我这才像一只快乐的小鸟飞奔出去。

不知不觉中，时光飞逝。去年春节，我在爷爷家安安静静地看着《查理九世》，正看到精彩处，爷爷的声音传来了："卿卿，赶紧过来。"可我的目光还是没有离开书。爷爷见状，只好走过来，拉着我走到客厅。爷爷照例帮我比画了一下。我终于受不了了，开始发起了脾气："每次来你都要帮我量，你真烦！"但爷爷依旧一脸笑容："就一会儿。"我只得配合他。爷爷在150cm的位置又画了一条线。看着"身高线"，爷爷笑得更开心了。只是这一刻，我竟发现爷爷眼角的皱纹线比我的身高线还长。

那一刻，我的心仿佛被什么轻轻地划了一下，猛然间，我似乎懂得了什么。我在慢慢地长大，爷爷却老了。"身高线"记录着我成长的过程，更记录了一个老人对子孙的希望啊！

我的"痘"蔻年华

黄心楠

一天早上，我照常起床刷牙洗脸，不经意间从镜子里看到我额头上有两颗红红的不明物质，我不禁失声大叫起来。妈妈被吓了一跳，赶紧凑过来看发生了什么事。"唉，还以为是什么大事呢，不就是两颗痘痘嘛！"妈妈带着"鄙视"的声调对我说。"记住，千万不能用手挤，不然后患无穷。"妈妈撂下一句话后就上班去了。

还是万能的"度娘"贴心，什么"疑难杂症"都能解决，我怀着忐忑的心上网百度，可查出来的内容都大同小异，无非就是多用洗面奶洗脸之类的。没办法，只能"死马当活马医"了。我隔三岔五就用洗面奶把脸上每个"角角落落"都洗得干干净净，可是效果不明显，甚至还多冒出来两颗痘痘，真是失败。

自从脸上有了痘痘以后，我变得更加"脆弱"了，只要一听到别人说"痘"字，我就像"惊弓之鸟"一样不由自主地去捂捂脸。我还拒绝一切与"dou"相关的东西。唉，这痘要是一日不除，我就一日不得安宁哪。看样子，我要战"痘"不止了！

一个星期后，出差在外的爸爸回来了，看见我一个人呆呆地坐在沙发上，捂着脸望着天花板，赶紧问我怎么回事。我一五一十地把事情讲给爸爸听，爸爸听了来龙去脉后，不禁哈哈大笑："两颗痘痘算什么，美丽的相貌不可能永驻，只有无尽的才华、智慧才能伴你永生。"

对呀，两颗痘痘算什么，没两颗痘痘怎么能称得上"豆蔻年华"呢？

104

睡与不睡是个问题

李开来

"中午不睡，下午崩溃。"然而我并不那么觉得，我的立场是："中午若睡，时间浪费！"

人生就像蜡烛，不断燃烧，直到殆尽。人每天都要睡觉，包括午睡。但是现在问题来了：中午睡过觉后，晚上睡九个小时；中午没睡觉，晚上照样睡九个小时。所以，中午为什么要睡觉呢？用午睡的时间做点儿别的有益的事，岂不是更好吗？干吗要浪费这么宝贵的时间呢？并且，午睡在很多时候并不合适，如果在某些场合午睡，是会有严重后果的。

比如，当运动员。如果比赛在中午进行的话，那么你刚打一阵就人困马乏了，怎么办？那样不仅比赛十有八九会输，而且你也十有八九会变成替补，那多倒霉啊！

再比如，当兵。如果战争是在中午进行的话，怎么办？别人都冲杀战场，去决胜千里；而你在军营里午睡，一睡千年，后来被军法处置，那多悲惨啊！

还有，万一在中午考试怎么办？别人的笔没停下来过，你上眼皮和下眼皮的"斗殴"没停下来过；别人整张卷子都做完了，你整张卷子除了名字一个字没写，那多丢人啊！

再想想，别的科学家连最基本的夜间睡眠都不够八小时；而你呢，整天跟个没事儿人一样，游手好闲，还睡午觉！你不脸红吗？

因为用午睡的时间来钻研，爱迪生在失败了一千二百次之后，发现了做电灯最好的材料；因为用午睡的时间来钻研，霍金发现了虫洞；因为用午睡的时间来钻研，达·芬奇画出了著名的《蒙娜丽莎》；因为用午睡的时间来钻研，哥白尼提出了"日心说"……

由此可见，利用午睡时间干别的事比睡午觉更有意义，人只有少睡或不睡午觉，才会有所成就。

醉　后

叶　开

　　这周日，妈妈去照顾生病的外公了，我跟爸爸在嬷嬷家聚餐。

　　我草草地吃完了饭，便和伙伴们玩去了，但是，我的心里却吊着一件十分沉重的事：让"酒桶"爸爸回家。以前，让爸爸"收摊"这事是妈妈负责的，今天妈妈不在，我可背不动醉了的老爸！因为这件事，我与伙伴们玩游戏也玩不痛快，也不知怎的，经常不由自主地跑去提醒老爸少喝点儿。

　　时针过了"9"，我又一次跑去提醒老爸，老远就听见爸爸在与嬷嬷大喊大叫、一唱一和，我头皮一紧，完了！来到客厅，只见爸爸一摇一摆地和嬷嬷一边喝酒一边吆喝，一身醉意。我发出通告："收摊了，收摊了！明天要上班呢！"在一边没喝酒的伯伯也与我一起哄小孩儿一样哄他们各自回家。当然，酒鬼们也是"顽强"的，我们哄得嗓子都冒烟了，他们才肯屈服，各自回家。

　　我扶着老爸，一路上好好地"教育"着他。平时短短几分钟的路，今晚竟走了十多分钟。终于到家了，我与老妈通了电话报了平安，因身体疲劳，我直接扑在了沙发上，闭目养神。不久，爸爸开始呼唤我："儿子，儿子。"我认为这是醉话，所以并没有在意。但爸爸突然走到我身旁，很认真地对我说："儿子，我爱你！"当时，我整个人都"冻"住了，脑中一片空白，根本不知道下一步该说什么该做什么。爸爸顿了顿，说："谢谢，儿子，你那么关心爸爸，但爸爸却还有许多对不起……"爸爸将往日的一切回忆、一切对不起凝成月光下的醉话。我愣在那儿，往日爸爸与我的所有事儿都在我脑中浮现：爸爸批评我，表扬我，爸爸严肃的面孔……我心中一股暖流涌了上来，满满的温暖。我望着爸爸笑眯眯的面孔，泪不由自主地夺眶而出。爸爸，醉后的爸爸，我爱你！我的心中也有许多事儿对不起爸爸，但在爸爸和蔼的说话声中我却说不出口，我已经被醉后的爸爸感动得控制不了自己了，我陶醉在这温情中，不能自拔。

孤独星球里的一只狗

吕刘宇悦

爸爸妈妈都很忙，没多少时间陪我，我觉得自己生活在一颗孤独星球上。

有一次，我自己坐车出去玩。刚下车，一只狗冲我跑来。我吓得一直跑，没想到，它竟然对我穷追不舍。最后，我实在跑不动了，它追上了我，向我扑来。我想这下完蛋了，没想到，它并没有咬我，而是舔了舔我。

它是一只无家可归的狗，于是，我收留了它，给它取名叫闪电侠。

我对闪电侠说："我要做你的北斗星，帮你找到你的家。"闪电侠把耳朵贴在头上，眼睛眯成两条线，摇了摇尾巴，对我表示感谢。我让妈妈给闪电侠拍了照片，发到她的微信朋友圈，帮闪电侠寻找主人。但是，很长时间过去了，还是没人来认领。

之前我是孤独的，一个人独来独往。闪电侠来了之后，成了我的知己。它每天都陪着我，好像懂得"读心术"一样，当我开心时，它便翻过身来撒娇，让我摸它的肚子；当我静静地读书时，它就安静地趴在一边，一声也不吭。我渐渐地希望闪电侠的主人永远也不要出现，这样，闪电侠就不会离开我了。

可是，该来的还是会来。有一天，我和闪电侠一起去买早点，闪电侠一下子扑向一位阿姨。那位阿姨一转身，惊喜得眼泪都流了下来。她摸了摸闪电侠的头："小家伙，你让我好找……"我顿时明白了，原来她是闪电侠的主人。

闪电侠怕冷落了我，又扑向我，然后一转身，又扑向阿姨。我的鼻子一酸，我知道，离开闪电侠的日子已经来到了。本来，我想做它的北斗星，没想到它成了我的北斗星，指引我走出孤单的迷宫。我应该知足的，所以，我把它交还给阿姨，转身离开，可眼泪却不争气地流了下来。

我刚走了几步，闪电侠竟追了上来，两只大眼睛望着我，仿佛在疑惑我为什么要离开它，丢下它。阿姨看见了我的眼泪，也看到了闪电侠对我的不舍，依依不舍地把闪电侠送给了我。

不知不觉中，闪电侠闯进了我的孤独星球。因为它的存在，我的孤独星球变得不再孤独。

我的启蒙老师

李宇浩

　　微微的风吹动了柳梢，一个人走在小道上，心不在焉，想象着自己多舛的人生，顿时心灰意冷，站在人生的十字路口，我不知如何抉择……

　　不知不觉早已背离了家的方向，我漫不经心地走着、走着，只觉这条路很远很远，似乎没有尽头。不经意间放慢了脚步，驻足于一间老屋前，时代的沧桑在这间屋上刻下痕迹，老屋的门半掩着，门上有木刻的字，我的眼前又浮现出五年前的情景：

　　在这间老屋里住着一位老奶奶，我们几个伙伴在打闹嬉戏过程中不小心撞进这间屋子。老奶奶头发花白，身体瘦弱，声音略带沙哑，最令人印象深刻的是那双炯炯有神的眼睛，她的皮肤褶皱，显然是历经沧桑的人。老奶奶与我们一块聊天，经常给我们讲自己年轻时的故事。那一次，老奶奶问我们识得多少字，我们默默摇着头，儿时的我们很疯狂，心里向往的是自由快乐，其他的并不懂得，老奶奶见我们沉默，会心一笑："好吧，我来教你们写字。"我们顿时惊讶。

　　老奶奶拿着一把小刀，在门板上镌刻着，她轻皱眉头，两眼注视门板，看起来细心而认真，工整的字体显现出来，从此，这里成为我们学习的营地，每天书声琅琅。

孤独星球里的一只狗

雨哗哗地下着，柳树的腰被风吹弯，那夜狂风呼啸，我们躺在被窝里，心忧虑着，那扇门破旧不堪，会因为这狂风而倒下吗？第二天，我们走到门前，都震惊了，门上躺着一具尸体，是老奶奶，我们惊恐万分，迅速找到村里的长辈抢救，几个小时候后老奶奶永远地离开了我们。那晚，雨下得很大，风吹着，吼叫着，那扇门被刮得乱响。老奶奶为了保护它，径直起身将门固定，哪知狂风丝毫不给面子，更凶猛地吹着，门承受不住压力，倒下，老奶奶也因此丧了命。

在收拾遗物时，我们发现木箱里有一封信："母亲，孩儿此番上战场，不知何时归乡，当年您教给我的字，一直铭记于心，望你珍重！"

老奶奶的儿子是位军人，当年参加抗日战争牺牲了。原来她是这么有学识的人，她看见我们，想起了儿子，因此才教我们识字，想教育我们成为栋梁之材。

那扇门联结着我的第一位启蒙老师，如今门依然屹立于小屋，可物是人非，老奶奶已进入天国。我崇敬那扇门，它见证了我人生最重要的课一堂，愿那镌刻的字寄去我对老奶奶深深的思念！

快乐老家

瞿贝贝

"快乐老家"！"快乐老家"是布置华丽舒适的房子，还是充满刺激的游戏活动场所，或者是乡村广袤的绿色田野？在我的心目中，"快乐老家"就是我们美丽的校园。

我是一名寄宿生，每天早晨，嘹亮的军号声响起，我们在老师的带领下开始锻炼。武术班的同学展示精湛的技艺，什么"九节鞭""螳螂拳""猫步功"，那一招一式俨然是武林高手；足球班的同学在绿茵场上大显身手：顶球、运球、传球，未来的足球明星从这里起步；秋千上、滑滑梯旁，到处飘荡着我们快乐的笑声。

当校园响起琅琅的读书声，我们开始了一天的学习生活。在老师的指引下，去欣赏颐和园的美丽，去探索秦陵兵马俑的奥秘，去聆听维也纳的音乐，去品尝巴西的咖啡……此时此刻，我们尽情地体验湖光山色，感受风土人情……

课外活动是个快乐天地，在"当家中队"活动里，有我们精彩的设计；升旗仪式，红领巾电视台，创新大擂台……集体的智慧在闪光；在"少年绿色环保行"的探究活动中，我们种植花草、制作标本，网上查找资料，小组调查访问，建立专题网站，到处活跃着我们的身影。走出校园，我们把欢声笑语送进福利院，给爷爷、奶奶一份关爱，红领巾交通小卫士们走上街头，向叔叔、阿姨宣传交通法规，为城市的安全做出贡献……

快乐的校园生活伴随着我们成长，我爱我们的"快乐老家"。

我要和云儿做伙伴

胡沂璐

在蓝宝石一样美丽的天空中，飘浮着雪一般的云。它们在天空中无忧无虑地飘着，或浓或淡，还不时地变换形态，好像在向你显示它的所有"化身"似的。有时，它们像一只小白兔，向前奔跑着，不一会儿，跑着跑着，它们便融入到云群里了。有时，像从远方飞来一只白蝴蝶，它一点一点地扩大，慢慢变模糊了，成了一大朵一大朵的白云。

在每天不同的时间，云也千姿百态。

清晨，太阳升起来，但云像一床厚被子似的遮住它，让它给自己镶上一道亮丽的金边，使自己变得光亮艳丽。但有时云层不够厚，阳光透过云层间的缝隙直射出来，化成千万把闪着金光的长剑，指向天空的各个方向。这时，云就给自己穿上件玫瑰色的外套，分外迷人。

傍晚，太阳落山了，在它的余晖的照耀下，似火的晚霞染红了大半个天空，似乎要把整个世界融化。晚霞中的云也改变了自己的形象，变得神秘、缥缈起来。大大小小的孩子都会仰起头，或独自对着天空痴痴地望着，或三三两两对着天空指指点点，或三五成群大声而兴奋地叫嚷着。一直到晚霞退去，天色已暗，才揉几下自己的眼睛，依依不舍地转回家去。

在晴朗的夜晚，月亮升起来了，小星星也偷偷地眨着自己顽皮的眼睛，出现在深蓝色的夜空中。这时，那丝丝缕缕的白云，显得更加的轻盈。它们一拨一拨地从月亮身边经过，却又不动声色，总是让我们误以为是月亮匆匆忙忙地往前赶呢。而小星星时隐时现，在跟我们玩着捉迷藏呢。

啊，多美的云！多有趣的云！真希望自己也变成这云中的一员，在那无边无际的天宇，与它们自由自在地遨游！

坚强生于逆境

乔景阳

人们说沃尔夫冈·阿玛多伊斯·莫扎特是天才，傅林辉是奇才，诸葛亮是人才，但比起路德维希·凡·贝多芬、海伦·凯勒和史蒂芬·威廉·霍金，显然后者优于前者，一切都因后者经历过挫折。

最近，我们学了一篇课文《青海高原一株柳》。课文内容写的是在青海高原寸草不生的原野上，生长着一棵参天大树，它经历了干旱、寒冷，却坚强地生存下来。而生长在土壤肥沃、水源富足地区的柳树，却不如荒原上的柳树，这是为什么呢？荒原柳树的生存环境极差，它因与生存环境抗争才如此苍劲、葱郁，也正是这种坚强的精神，使许多身在逆境之中的人发愤图强，创造一个又一个奇迹。

读着这篇课文，我想到了作者陈忠实，他家境贫寒，父亲让他休学一年，以致高考落榜，粉碎了他的大学梦。他回到农村成了一名农民，但他没有放弃追求，白天干活，晚上学习，经过二十八个春秋，他终于写出长篇小说《白鹿原》，从而一鸣惊人。

英国著名作家海伦·凯勒一岁半时，便与有声有色的世界隔绝，多少个日日夜夜，如饥似渴地练习、学习。最后，她不仅学会了说话，而且写成了著名的《假如给我三天光明》，成了家喻户晓的作品。

孤独星球里的一只狗

我们认识的许多英雄无不是这样：越王勾践卧薪尝胆，阿炳二泉映月，诺贝尔发明雷管……许多英雄都是在逆境中坚强，才成就了自己的人生。

零食对对碰

吴俞露

在爸爸妈妈眼中，我可是个名副其实的零食达人，只要落入我手，零食的高下优劣便无处遁形。下面就是我给零食排的名次表。

NO.1：健达巧克力。健达巧克力包装很朴素，大红的包装纸中间有一道浓浓的牛奶在缓缓流动，一看就让人心动。打开包装纸，一股浓郁的香味扑鼻而来，棕褐色的巧克力条呈现在眼前。它被分成了五个小格，每一格上都印着皇冠图案，这可不是吹的，口味绝对是NO.1。

掰下一格，放进嘴里，一股淡淡的甜味从舌间慢慢扩散开来，牛奶香逐渐沁入喉咙，渐渐化开的巧克力如丝般润滑，像在为舌头做着按摩。一格巧克力吃完了，吸一口气，唇齿间还充盈着浓浓的香味。舌头舔舔牙齿，嗯，也是甜滋滋的牛奶味。

NO.2：清爽砂拉豆。砂拉豆可不是小豆豆，而是一种黄豆般大小的水果糖。我钟情于它，原因之一在于它包装的亮丽、可爱。鲜亮的绿色中，许多一角硬币大小的彩色糖粒蹦跳而下，像是下起了糖果雨。最惹人喜爱的是右上角那调皮的橙宝宝，咧着嘴冲你哈哈大笑，似乎只要吃了它，就可以像它那样开心快乐，设计特别俏皮。

原因之二当然是它的口味了。拈起一粒糖，放在鼻子下闻一闻，一股清爽的水果香诱惑着我的嗅觉。塞进嘴里，一股酸酸甜甜的水果味引得唾液如泉水般分泌，又源源不断地沁人心脾，十分爽口。砂拉豆越来越小，味道似乎变酸了些，但口感更清新了。在它融化到很小时，"嘎嘣"一下咬碎，清香四溢！

啊，童年怎么能离了零食呢？缺了它，我的生活不知会失去多少色彩呢！

我家还缺啥

陈榨莹

家，是避风的港湾，是成长的摇篮……在这"摇篮"里成长，我感受到的是温馨，是愉悦，是宁静，是安逸……尽管这样，我还是隐隐约约地感觉家里还缺点儿啥。

到底还缺啥呢？我细细走入我的生活，细细地搜索着……

作业"山"压着我

每天回家，我总要面对一个"必修课"——堆积如山的作业。这是妈妈的要求，每天必须完成。每次我都写得腰酸背痛，哦不，是"手酸指痛"啊。我向"上级领导"——爸爸反映过，可"上级领

孤独星球里的一只狗

导"也被"武林第一将"——妈妈的"机关枪"（嘴巴）约束住了。每天我要熬到十点多才能写完，最早也要九点多钟，第二天我总是最后一个到校，被老师告诫过好多次。我就像一只金丝鸟，困在笼中，喊天不灵，叫地不应。

电视梦缠着我

搬电视，是妈妈的最大撒手锏。原来，我房间里有一台电视，因为有一次我考试考得不理想，妈妈用"狮吼功"把我骂了个狗血淋头，还招呼爸爸一起把电视搬走，还给我下了"紧箍咒"。没电视的滋味真不好受，周末，我写完了作业，那叫一个无聊啊！没电视，没电脑，只得傻傻地睡大觉。睡觉时，微微笑，做着大大的美梦。你知道我做的什么梦吗？嘿嘿，当然是电视梦喽！

我家还缺啥？哦，原来我家缺的是自由，可贵的自由啊！仿佛在我读小学后，自由就再也没有出现过，自由，你到底离我有多远？

116

"重点保护对象"

皇甫启龙

自从升上小学六年级，我就正式被列为家里的"重点保护对象"！因为我是爷爷奶奶的希望、爸爸妈妈的未来！我的小肩膀上扛着光宗耀祖的伟大使命……

这不，我刚刚喝上一口可乐，就被眼尖的妈妈发现了，她一把夺了过去，取而代之的是每日必不可少的鸡蛋和一罐核桃奶。这些都是妈妈给我补充大脑营养和增强记忆力而强制我必吃的营养早餐，我抗议无效。我不情愿地喝着核桃奶，可嘴里却回味着可乐带给我的刺激的感觉！营养餐进行时，也要听着妈妈每天必须唠叨的"学习令"：上课时一定要认真听讲，不懂就要问；课下多和同学讨论学习方法，多吸取别人的优点……

周末本是"胜利大逃亡"的日子，我多想在那松软的大床上舒舒服服地睡个懒觉啊！可是不行，还有一大堆要算的，要写的，要背的……我匆匆忙忙地洗把脸，其实也就是让自己更精神，好迎战今天的日程安排。我认真"奋战"到十点多，总算把学校留的作业写好了。刚想休息一下，看会儿电视，可妈妈偏偏这时候走进来递给我一本《北大绿卡测试题》，命令我："快去算题！都快毕业了，还有闲心看电视？更何况我们是外地户口，一切都要靠自己的实力和运气，才有可能考上重点中学。你自己怎么就没有一点儿紧迫感和时间概念呢？"

妈妈，您望子成龙心切，我可以理解，但也要给我点儿"喘息"的时间啊！难道我除了学习、复习和考试，我的生活就没有别的了吗？妈妈，您别忘了，我也只不过是个十三岁的孩子啊！我也想在记忆中有个单纯快乐、无忧无虑的童年生活……

我多么想轻松快乐地度过我的小学时代啊！

"枯草"变变变

陈微竹

　　"枯草！枯草！怎么没练完字就出去玩了呢……"我怒气冲冲、火冒三丈地咆哮着，说完便像一根离弦的箭一般冲出教室，揪着"枯草"的衣服向教室狂奔而去……

　　"枯草"是我给同桌起的外号。因为他骨瘦如柴，好像一阵风就能把他刮飞一样。他面黄肌瘦，整天一副没吃饱饭、营养严重不良的样子。最近老师让练字，谁写得好，挂在墙上加一分，有一朵花儿加两分。"枯草"为了作品上墙，为了得花儿，忍痛割爱，拿钱去书店买了一本字帖。

　　一买到字帖，他就开始没日没夜地练起来。前几天还挺积极，慢慢地，他就有些厌倦，到后来就只想着玩耍，真是"三分钟热度"呀。不行，我一定要帮助他坚持下去，于是我整天苦口婆心地给他讲大道理。"你既然买了字帖就应该坚持到底，不能'三天打鱼，两天晒网'呀。"……终于他在我的"三寸不烂之舌"下茅塞顿开，兴高采烈地对我说："真是听君一席话，胜读十年书呀！"哈！我可是"一语点醒梦中人"哟。他一本正经地对我说："从今以后你就监督我练字吧。"我听了，开心地点了点头。

　　说干就干，只见"枯草"左手扶本右手拿笔，胸离桌子一拳远，眼离字帖一尺高，腰挺得笔直笔直的，像一把尺子一样。他小心翼翼地描起来，一笔一画，那用心劲儿，连同学们吼他去玩都没听见。可是好景不长，没过几天，他又忘了练字。我只好万般无奈地又找到他："万事贵在坚持，'最无益，莫过一日曝十日寒'。"他听了又急忙跑回教室，拿起笔继续刻苦地练字。时间长了，他几乎忘我到听不见上课铃声，甚至同学们在他身边大声喧哗，也影响不了他一分。

从此，"枯草"变变变，摇身一变，用自己的双手书写出一片碧绿。

考　　试

罗静雯

生活中有一个个无形的楼梯需要攀爬，又像一片片茂密的森林，你永远都不可能知道里面有什么未知的秘密；而考试，则是其中必须穿越的一个遥不可及的大黑洞。

教室里，寂静，只听见椅子"嘎嘎"响和笔的"沙沙"声。你难以看出每一个人掩藏起的心情，一只只"拦路虎"张开血盆大口，三十六个"武松"将会有不同的遭遇：有的一直闭目静思，有的咬笔头，有的东张西望，有的呆呆看题，有的写了又涂、涂了又改……我讨厌这些"拦路虎"，把我咬得"痛苦不堪"，不得不落荒而逃，成为"拦路虎"的手下败将。

看着自己的"战绩"，我羞愧得低下了头。一次次刻"苦"铭心

孤独星球里的一只狗

的教训，一次次的后悔，一次次与成功擦肩而过，一次次"我明明知道"，一次次……但是，我学习的成果被得到证实，明白了自己会错的题或题型。考试是无情的，但却是公平的；是一个带给你快乐的天使，也是令人厌恶的恶魔。之后，考试又成了成长中的一部分，习惯了考前的抱怨，习惯了考时的寂静，习惯了考后交流以及对答案时的兴奋；也喜欢上了发试卷时，与对手比分数高低，输者沮丧与胜者喜悦，之后便是一个充满"醋味"的玩耍。

不知不觉，每次的考试都给我留下美好回忆，你肯定也喜欢听到下课铃声时的放松；荣誉、伤心和激动都融入考试之中，说不定不知在何时你已经发现考试融入你的生活中了。

考试是一个无底黑洞，你可以被它吓得浑身发抖，也可以在大黑洞中继续探索，去发现一个个新的奥秘，让你继续迈步向前！

120

魔 鬼 训 练

周昱轩

"起床，起床，跑步啦！"一阵阵催促声摧残着我的耳膜，我无奈地睁开了蒙眬的睡眼，将被子往身下一卷，试图躲过一劫。可老妈一副"咬定青山不放松"的劲头，掀开我裹得紧紧的被子，唠叨起来："你长跑跑了个倒数第三，还不趁假期赶紧练习，瞧瞧，你都肥成什么样了！""妈！我可是你亲生的，能不这么损儿子吗？让我保住那一点儿可怜的自尊吧！"在"李氏紧箍咒"的折磨下，我极不情愿地一个翻身趴在被子上，以"蜗牛速"穿起衣服来。N分钟后，我拖着随时可能倾倒在地的身子来到楼下，开始了魔鬼训练的第一天。

天才蒙蒙亮，太阳躲在纱巾似的云层后久久不愿露脸，马路上难见到汽车的影子，空气清新无比。我打了个哈欠，扭扭腰就跟在妈妈身后跑了起来。瞧！我双手在胸前来回摆动着，脚后跟抬得高高的，身子前倾，做出冲刺的模样。刚开始倒还挺轻松，大气不喘，脚步也非常轻盈。可刚跑一会儿，我的呼吸就急促起来，"哼哧哼哧"地跟在妈妈后面。慢慢地我与妈妈的距离越来越远，腿变得越来越沉，我边走边招手喊道："慢……慢点儿啊！等等我！"妈妈轻快地跑过来，两手撑着腰说："呼吸不能像你这样，要跟着脚步的节奏，你瞧！"说着，妈妈边跑边给我演示起来："脚尖每跨一步就吸一口气，先连续吸三下，再按脚步把气接连呼出去。这样周而复始，吐故纳新，以保持体内有充足的氧气供应血液循环，你的身体才会始终感觉轻松。"咦，妈妈啥时变成运动学专家了，貌似很专业啊！我听得一知半解，也开始站好身子，双手放平，脚步抬高，"吸吸吸……呼呼呼……"我在心中念叨着。果然，身子轻盈起来了，脚尖就和弹力球一样一蹦一蹦的，一口气竟然跑下了一公里。

121

天空更明亮了，太阳的光芒照耀着大地，河水也在阳光的照射下闪烁着粼粼的波光。感谢这次魔鬼式训练让我懂得了用正确的方式做事的必要性，以及用毅力坚持到最后的重要性。

"烤"乐一家人

　　"圣火"真给力，在"烤炉"里跳起了"恰恰"，蹿得好高。我双手拿起筷子，把年糕靠近火苗，太贴近了，烫手，年糕也会烤焦；离太远了，年糕又烤不熟……

给奶奶当老师

莫沈琪

上中学了，离家千里；奶奶陪读，倒也惬意。可是，最近有些同学回家不做作业，于是老班就让我们每天填写"作业清单"并让家长检查签字。这一招听起来简单，可对我来说，却难于上青天——因为我的奶奶不识字。怎么办？打电话给妈妈，让她跟老班求情，又没有老班的电话号码，况且，老班说了，非签不可，不签重重处罚。

奶奶见我抓耳挠腮、急火攻心的样子，镇定自若地说："我来签！"

"可是，你……你不识字啊？"

"你来教嘛。"奶奶胸有成竹，脱口而出，仿佛她早就做好准备似的。

想想也是，这可是唯一的办法。就这样，我成了奶奶的小老师。教了几遍，奶奶就说会写了。只见奶奶在草稿纸上一笔一画地写着，也许是太认真，也许是太紧张，奶奶的额头竟然沁出汗珠。握住笔的手不住地颤抖。奶奶写好了，我一看，这哪像字啊？横画在她手下被画成了蚯蚓；竖画呢，活像歪脖子桑树，一点儿力气都没有。结构呢，左右分得太开，快要散架似的，有的还叠在一起，眉毛胡子一把抓。

无可奈何，我只得耐心细致地一笔一画地再教。我边写边把自己从老师那儿学来的书写规则讲解给她听。奶奶聚精会神地听着，不厌其烦地写着，俨然一个小学生的模样。可写来写去，奶奶的字仍然惨不忍睹。仔细一瞧，原来她的握笔姿势不对。我就拿起一支笔握给奶奶看。奶奶看了又看，琢磨了半天，终于，握笔姿势正确了。又教了几遍，奶奶签的字居然像模像样了。

　　作业清单签好了，奶奶如释重负，口中喃喃，像是在自语，又像是在对我说道："各人吃饭各人饱，哪个识字哪个好啊！"当奶奶把笔交到我手上时，我发现，奶奶的手心都出了汗……

爷爷与酒

方　宇

　　从我记事起，爷爷就嗜酒如命，一日三餐，餐餐不离，有时深更半夜也不忘喝上一杯。

　　听奶奶说，有一次，爷爷搂着我看完电视，已经是晚上九点了，忽然想喝酒，偏偏酒瓶空空如也，爷爷硬是一个人摸黑跑到离家很远的商店买回了酒。尽管他嘴巴冻得发青，心里却乐滋滋的。

　　印象中，爷爷总是端着一杯白开水似的东西，先放在鼻前闻一闻，接着抿上一小口，嘴巴发出"吧嗒，吧嗒"的响声；然后捏着我的鼻子说："酒是我的命，你是我的命根。"有时奶奶看到酒瓶是空的，便对他说："这次就算了吧！"爷爷便嚷道："你这是想要我的

"烤"乐一家人

命。"背着我就乐呵呵地往商店走。

爷爷对酒的狂热，唤起了我的好奇心，我幼小无知的心灵里突然萌发出一个念头。有一回，我偷偷地从酒壶里弄到了那白水似的东西，学爷爷的样子，闭着眼睛去闻，一股十分刺激的气味冲到鼻子里，呛死我了，但我还是毫不畏惧地将它一饮而尽，还学着爷爷的样儿"吧嗒"着嘴。这时，一种难言的滋味，如洪水向我涌来，一团熊熊烈火，在我体内燃烧。刹那间，我感到了害怕，难受，像有一团团无头细线，将我层层裹住，让我不能呼吸，接着，脑子一片空白，眼前一片漆黑……

我醒来时，爷爷坐在我旁边，怔怔地看着我，泪水从他苍老的面颊滑落，滴到我身上。

后来，吃饭的时候，爷爷再也没有喝过一滴酒。即便是逢年过节，他也再未碰过酒杯。每有人问他，"要酒吗？"他总是摸摸我的头，坚定地对别人说："不要，我不能失去我的命根。"我眨眨眼，似懂非懂。直到现在，爷爷去世了，我才从奶奶那里知道："爷爷有几十年酒龄，谁劝都不管用，但那次却奇迹般地戒掉了。"

只为他挚爱的"命根"——我不染上恶习，健康成长。

"酒是我的命，你是我的命根。"这句话又回响在我耳边，那样亲切，那样清晰。

看着那张已经泛黄了的老照片，照片上的你慈祥地向我微笑着，我的指尖轻轻地从你的脸颊滑过，泪水却早已不知不觉地浸出了眼眶。

爷爷的手

郭萌迪

曾记得，小时候的我最讨厌洗脸，尤其是冬天。每天早晨，最令父母发愁的就是给我洗脸了，妈妈劝，爸爸吼，都无济于事，最后往往是我一边大哭，一边被强行拽到脸盆前。有一次，我正在因为洗脸哭闹，爷爷跑过来，把我拉到一边，替我抹去脸上的泪珠，然后哄着我说："俺孙女才不是不洗脸的孩子哩，不洗脸的小孩儿没人喜欢，是你们手劲儿太大。让爷爷帮你洗，爷爷就用两根手指给你洗，不会疼的，来……"看着爷爷那晃动着的两根手指，我就会乖乖走到脸盆前，让爷爷给我洗脸。然后一边笑一边说："爷爷，真的不疼哩。"

自此以后，爷爷就负责为我洗脸，如果哪天爷爷不在家，我就一天不洗脸，也难怪奶奶后来开玩笑说："俺孙女的脸就是为他爷爷的手长的。"

爷爷这双手简直像弯弯曲曲的葡萄枝，又像结满疤的老树根，手背上青筋突起，关节粗大，手掌上的纹路像刀刻的一般。但奇怪的是，这样一双手却那么温柔，就像爷爷脸上永远挂着的微笑。

爷爷喜欢抽烟，也习惯了手指间夹着烟卷。有一次，爷爷给我洗脸时，我忽然说："爷爷，你的手指有烟味，好难闻，真呛人！"爷爷听了之后，只是笑了笑，没有作声。但从那之后，我似乎再也没有闻到爷爷手上的烟味。开始我以为爷爷不抽烟了，后来才发现，爷爷每次在给我洗脸之前都使劲儿地用香皂洗手，然后冲我抱歉地说："没办法，爷爷一辈子是戒不了这烟啦，每天多洗几遍就行了。"爷爷用力地搓着手指，脸上满是歉意，仿佛一个做错事的孩子。

当爷爷弯腰替我抹泪、洗脸的次数越来越少时，当他给我洗脸的动作变得越来越笨拙时，我才发觉我长大了，而爷爷老了。爷爷的这双手，皮肤变得更松弛，手指就同山坳里挖出的老树根一样，干、皱、糙、硬。

长大的我，再也不用爷爷给我洗脸了。

一天晚上，我做了一个梦，梦到爷爷弯着腰，小心翼翼地给我洗脸。我仰起头说："爷爷，你洗脸真的不疼哩！"

爷爷的手，在我的生命里留下了深深的、温柔的印记。

128

爱 比 蜜 甜

马小雅

爱是什么滋味？哎呀，那还用问嘛！一定是甜甜的。嗯，尝一口，甜甜的，闻一下，香香的。赶紧端起这杯爱的饮料，品一品吧！

小时候，我很喜欢喝蜂蜜水，那甜甜的味道，滋润了、温暖了我的心田。我认为，蜂蜜水是世界上最甜的东西，喝着它，一种幸福感油然而生。然而，就在刚上小学的一个暑假，我找到了比蜂蜜水更甜的东西。

暑假里，大地上像架了个烤火炉，奇热无比。我结识了一位良师益友——书。我三天两头地往书店跑，并随身带着贴身保镖——老爸。老爸认为我看书就是三分钟热乎劲儿，一会儿就过去了，可两三周过去了，我不但没消停，反而变本加厉，越看越起劲了。怎么办呢？爸爸只能无可奈何地摇摇头。终于，爸爸忍受不了烈日的"折磨"，对我说："孩子，老爸累了，今天你自己去书店，好吗？""好，好！"我高兴得一蹦三尺高，哼着小曲走了。

我沿着大街直直地走下去，感觉大家都目不转睛地看着我，好像是在称赞我。而我没有了爸爸的束缚，像只出笼的小鸟，左蹦右跳——在这边看看鱼，在那边摸摸狗，在这家嗅嗅花，在那家玩玩笔，自由自在。我正想去一家服装店口的镜子前臭美，却发现——有人跟踪我！"那人是谁？"我嘴里喃喃道。由于那人躲躲藏藏，我没看清他在镜子里的模样。顿时，我这天不怕地不怕的小英雄，心里也开始有些胆怯，"他会不会是坏人？会把我捉走吗？还是坏博士，捉我去做实验？"想到这里，我不禁加快了步伐，而且每走几步便一回头，可每次我回过头，"跟踪狂"都消失得无影无踪。这样下去也不是个办法呀！于是我眼珠一转，想了个绝妙的办法。我转过身去，向回走了两步，边走边说："天太热了，我还是回去吧！"我屏气敛息，观察着周围，突然，我发现电线杆后面冒出了一块衣角，我蹑手蹑脚地走过去，一个熟悉的身影出现在眼前，"啊？爸爸！"我愣住了，爸爸也不好意思地笑了。

回家的路上，我一直嘟着个小嘴，都能挂个油壶了。我生气，我愤怒，胸中的怒火熊熊燃烧——我生气爸爸跟踪我。于是，我怒气冲冲地对爸爸说："爸爸，为了补偿我的精神、知识两损失，我决定，你要给我买蜂蜜水！""好！"爸爸爽快地答应了。

我喝着蜂蜜水，细细地"品味"着爸爸的一举一动，忽然，恍然大悟，眼泪在不知不觉中滑了下来。

129

"烤"乐一家人

回到家，蜂蜜水喝完了，我的鼻头酸酸的，心里却那样甜，这种甜，比蜜还甜还香……

这，不仅仅是一瓶甜甜的蜂蜜水，它更充满了温情，充满了爱。

原来真的有种东西比蜜还甜，那就是——爱。

百分之百的母爱

刘 轩

妹妹的降生令全家人异常高兴，全家人都沉浸在新生命到来的喜悦之中，可我却感到有些失落……她的到来，将分走我一部分或大部分的母爱。

然而，我的失落并未发生，相反却使我更坚定了母爱的伟大、宽广……

农村建房可以说是很难的，特别是钱的问题。我们家开始建房子了，经济上的拮据让全家人都很窘迫。可我的早餐钱仍在，仍然每天早上如数放在桌子上。这时，好多同学都在玩滑板车，我真的好想有一个属于自己的滑板车呀！家里的经济状况我心知肚明，可午饭的时候我还是情不自禁地说了一句："我要是有一个滑板车就好了……"话还没有说完，我就停了下来，我想到这可能是我的奢望，父母的爱都在妹妹这个娇小、脆弱的新生命上，而且，家里的近况我也一清二楚，可我真的好想把话说完……

第二天，一切依旧。正吃饭的时候，妈妈回来了，我习惯性地去帮妈妈盛饭，可我一回头的瞬间，看到了一样东西，我的至爱——滑板车。我抑制不住心中的喜悦，忙拿过滑板车，抚摸着，高兴地看着妈妈。妈妈笑着对我说："行了，吃饭吧！"

妈妈真是饿了，我连续给她盛了两碗饭。谈话中我才知道，妈妈为了给我买滑板车，竟然没来得及吃一点儿东西就赶车回家了。三个小时呀！我看着妈妈，又看着滑板车，鼻子一酸，两行微咸的东西流到了嘴角。

妈妈依然爱我。这伟大的、无私的爱让我倍感真切。我的失落是可笑的，是无知的，我懂得了，母爱是无限的，我正收获着这无限的母爱。

妈妈，从平时的谈话中，我知道你担心我，担心我的学习成绩，老是原地踏步；担心我的字迹总是潦草；担心我做事情不是慢慢吞吞，就是毛手毛脚；担心我的为人，总是爱张扬，争强好胜，自以为是。

妈妈，请你放心，我已经渐渐长大，在最近学校开展的"孝心献给父母"活动中，我更加懂得了要如何孝顺父母，我将用无限的爱回报你，我会用自己的行动证明一切，你的担心将是多余的。别不相信，这是我的决心，这是我的誓言！

美丽的鼾声

林辰亮

妈妈常说，爸爸的鼾声很有味道。我撇撇嘴，鼾声不就是一味地"呼噜"吗？还有味道？哼，妈妈那是——爱屋及乌！

直到有一天，老妈出差，我"有幸"与老爸同床共枕，才真正领略到了爸爸鼾声的韵味。

"呼噜——呼噜——"爸爸才倒床一会儿，鼾声就钻进我的耳孔。本想掐醒老爸，但想到他白天东奔西跑的忙碌样儿，我伸出去的食指和大拇指勾了勾，还是收了回来。算了，我还是静下心来，听听爸爸的鼾声吧！

你听，一种细微的声音从老爸的鼻子里渐渐呼出，慢慢地，声音粗犷起来，就像早晨码头边的摇橹声伴着厚实悠扬的号子。一会儿，"呼噜，呼噜……"更加清晰。霎时间，江南水乡码头上的一片繁忙景色消失了，随之而来的鼾声如同一架拖拉机突突地开过来。它好像开在了松软的土地上，厚重而苍茫。这声音，不禁让我想到了北大荒的秋天。

一会儿，爸爸的鼾声似乎提高了点儿，呼噜声变得颇有节奏感，就像一个大型的打击乐队，叮叮咚咚地重复着一些拍子。"呼噜——呼——呼噜——呼——"忽然，鼾声一下子提高，声音更加凝重，好像炎炎夏日里的一记让人猝不及防的雷声。

慢慢地，声音缓和了下来。"轰——"又一记响雷在我耳边炸响。"咔！"鼾声一下子停止了，耳边似乎少了什么。侧耳倾听，一会儿，"呼噜——"一声打破了沉寂。这一声好像飞流直下的瀑布倾泻到谷底发出洪钟一样的回音。鼾声慢慢地平缓下来。渐渐地，渐渐地，鼾声又陡然加大……

爸爸的鼾声不是一味地"呼噜"，还有此起彼伏的变化的悠扬之美，仿佛乐器奏出的曲目似的。看来，爸爸的鼾声还真有一些韵味。

罗曼·罗兰说：生活中不是缺少美，而是缺少发现美的眼睛。有很多事，换一种角度或心境去看，结果往往会大相径庭。在我的眼里，爸爸的鼾声也美丽！

抢肉大战

余佳颖

"午饭做好了！"随着"大喇叭"妈妈的一声令下，我和爸爸争先恐后地奔到饭桌。于是，抢肉之战拉开序幕……

妈妈这几天不知道着了什么魔，偏要减什么肥。她减肥不要紧，可苦了我们这两个食肉族。

面对饭桌上那屈指可数的几块肉，我和爸爸对视了几秒。

爸爸的眼睛骨碌碌地转个不停，突然他率先发起进攻，一双筷子左挑右拨，把个盘子里的菜搞得像遭到抢劫一样狼藉。

"哇！爸爸你夹的那块肉也太大了吧！"我急得大叫。爸爸一边

"烤"乐一家人

嚼着他的战利品，一边得意扬扬地哼着小曲，明摆着是欺负人嘛！

我也不甘示弱，立马挺枪而出，来个更猛的"翻江倒海"，也不管青菜、菠菜、油菜跑出盘子了，总算发现一块小肉片，我紧紧地夹住肉片，舍不得停留，直接送进嘴巴里。

得意的神情现在转到我的脸上，爸爸可不干了，他开始发起总攻，我也不输给他，我们迅速在方寸大的盘子里进行抢肉大战。双方你来我往，弄得菜肉齐飞，汤汁四溅，我的筷子抵住爸爸的筷子，老爸并不慌张，他先来个太极推拿，然后突然转变策略，再来一个声东击西，在看准一块肉时，他迅速跳出战斗，携肉脱逃，我只得望肉兴叹。没有肉了，我只能夹住既讨厌又可怜的小白菜，眼巴巴地望着老爸，边划拉饭边嘟哝着："爸爸真坏，也不让着我，像个男子汉吗？"

爸爸也不搭理我，只顾得意地笑。

在一旁坐山观虎斗的妈妈发话了："唉，你们这两个人啊！我明天大不了多给你们炒点儿肉！"

"还是妈妈好！"我在一旁高兴地叫道。

看来这场大战总算没白打。

糊涂的老妈

李至轩

我老妈非常非常地糊涂，她说的话常常和脑子里面想的不一样。

对此，她的自我评价是："脑速跟不上嘴速"。因为这个特点，她给我们的生活提供了不少笑料——

妹妹小时候，每天要用"尿不湿"。一次，老妈估计是忙糊涂了，指着我的书包对我说："李至轩，尿包拿过来，快点儿写作业去。"我抱着书包笑翻了。

炒菜的时候，老妈脑子里大概在想着世界地图。她对我喊道："快，拿个土耳其过来！"我傻了眼："哪来的土耳其——啊？"老妈这才反应过来："啊，不对！快拿土豆！"

我感冒咳嗽了，她匆匆跑到药店里面，上气不接下气地对店员说："你好，麻烦你给我一包火龙果。"店员一愣，指着对面的水果铺说："不好意思，你是不是走错了？火龙果在那边。"老妈急忙改口："哦不，不！是罗汉果！"

还有一次，她大声地对卖包子的师傅说："老板，请给我三个草包。"师傅笑了笑，风趣地说："我们这里有菜包，有肉包，还有实心包和红糖包，就是没有草包。"

这些事在老妈的"糊涂事件簿"里还算级别低的，让我告诉你们一件"高级糊涂"事件吧——

那天早晨，我们洗漱完毕，围在餐桌旁边等早餐。墙上的钟"嘀嗒嘀嗒"，我们的肚子"咕噜咕噜"——我们在等老妈，她出门买早餐，已经去了好久了。出门的时候，她还念着购物清单："两个菜包，两个肉包，一个红糖包……"

终于，门铃响了。我一个箭步冲过去，迫不及待地打开门，一把拽过老妈手中的袋子。咦？一个球菜，一大块猪肉，还有……一包红糖？怎么没了呢？翻来覆去找了好几遍，我连个包子的影子也没看见。我不敢相信自己的眼睛，问："妈——菜包呢？肉包呢？红糖包呢？"妹妹和爸爸也跑了过来，又把袋子翻了个底朝天，还是啥包也没找着。老妈也愣住了："这……这……"

最后，老妈无辜地解释道："我其实一直想着菜包、肉包、红糖包，不过，我脑子里面又想着今天白天必须要做的几件重要的事情，在菜场里面转了一圈，随便买了点儿东西就回来了。"她还做了最后总结："不好意思，是我糊涂了。"我和妹妹、爸爸真是哭笑不得——这球菜和菜包是一回事吗？这肉能当肉包吃吗？爸爸打趣道："不是你妈糊涂，是爸爸我糊涂了，给你们找了个糊涂的妈妈。"

老妈平时总说我学习不用功，考试粗心。我是粗心，但我看她真是连心都没有，唉！

我给弟弟当老师

顾天宁

这个假期里，我可是"任务繁重"，既要写作业，又要当老师。至于我当"老师"的故事，就听我慢慢道来吧！

某个平淡的一天，我突发奇想，光写作业当学生，还不如趁假期过一把当老师的瘾呢！于是，我东找找西找找，啊！终于找齐了我的教学工具！离成功只有一步之遥了，要成功当上老师还需要"招生"。我只好把我四岁的小弟弟叫过来，他一看我手中的笔，似乎明白了是要学习，跟我说"byebye"后，便继续开他的小汽车去了。我想了一个绝佳的妙计。我对弟弟说："你是不是还想要个小汽车呀？我可以给你，不过有一个小条件。"他迫不及待地想要知道条件是什么。我故作神秘地说："条件是——认真当我的学生。"他马上点头，生怕错过了机会。我一蹦三尺高，说："好！马上就上课。"

开始上第一节课喽。过程并没有我想象的那样顺利，谁叫弟弟并不是个听话的好学生呢？他一会儿拿出他的玩具玩，一会儿抢过笔乱画一通，唉，我算受不了了，看来学习对我弟弟来说是一件麻烦事。算了，不上就不上吧。就在我灰心丧气的时候，转机出现了。我突然想到，弟弟不是喜欢电脑嘛，那就用电脑上课好了，既方便又新鲜。把电脑准备好之后，我又把弟弟叫了过来，这次他不再有兴趣，声音也变小了："什么事啊？"我给他一个鼠标，指了指背后，他可真聪明啊，马上想到了用电脑。他说："那——好吧！"第二节课成功地敲响了上课铃。

用电脑上课时，弟弟异常认真，上课也就轻松多了，教他的东西也自然就多了不少，我给他示范了一下如何打字，他却怎么也学不会。我一想，也是，他又不会拼音，上课当然费劲。好吧，从拼音学起，他会了几个我就给他布置作业，让他多练习几遍，终于，他学会了大部分拼音，但仍不牢固。这样已经很不错了。毕竟时间不多了，他又太小，先干正事吧。我教他如何上网，可他总是把鼠标点偏，我就一遍一遍地教他，终于，他打开了网页，"好！"我激动地说，看来第一步已经完成了，该第二步——输入网址了。这一次他成功了，我也不由自主地鼓起了掌。晚上，他自己坐在电脑前，一遍遍地尝试，终于，他点开了动画片，太厉害了！

又过了几天，弟弟每天都坐在电脑前，我一看，呵，还玩起游戏了，当然，还有些东西需要我帮忙，嘿嘿，名师出高徒嘛。这几天，弟弟都会下载东西了，看得我目瞪口呆。

不幸的是，那台已有十几年历史的电脑后来成了废铁，至于是谁干的，我就不做解释了，因为实在是太明显了。幸好还有我叔叔的笔记本电脑可以用。

课程结束了，因为已经没有什么好教的了。我发现对于这样优秀的学生还缺一件奖品，干脆自己做一个吧。于是，我做了一个奖牌和一个毕业证给他。弟弟拿到后，高兴得四处炫耀。

通过这一次当老师的经历，我体会到，当学生虽然很累，可是当老师更不容易。我们能做的，就是把自己应该做的做到最好。

给爸爸扎辫子

张 艺

周末的一天，我见洋娃娃的头发很乱，像爆炸头一样，我想，反正没事做，不如给洋娃娃扎辫子吧。可洋娃娃真不好固定，我总是编不好。

这时，我想到了在一旁看电视的爸爸，他头发很久没理了，显得有点儿长。我就想，这不是个现成的"人体模特"吗？我便跑去跟爸爸说："爸爸，我给你编小辫吧？""你会吗？"爸爸笑着问我。"会，我的手艺可是很娴熟的哦！"我说。"我倒要看看怎么个娴熟法。"爸爸边说边点头同意了。

我让爸爸闭上眼，拿来一本美发书，在书中选了一款造型，便在爸爸的头上编起来。我笨拙地拉扯着爸爸的头发，只听见爸爸"啊"的一声惊叫，吓了我一跳，忙问爸爸怎么了，爸爸边倒吸凉气边说："这位女侠，下手轻一点儿好吗？"我被逗乐了，连连答应着。

过了一会儿，辫子编好了，我站在爸爸前面，看着爸爸头上的四根小辫，自信地说："嗯，不错，你可以去参加选美了。"爸爸高兴地走到镜子前，脸色突然由晴转阴，说："我咋越看越像哈巴狗呀？你到底是参考了什么书？"

"啥？宠物专用美发书？我一世英名全被你毁了！"爸爸叫道。

"下次我一定找正儿八经的美发书给你美发。"我安慰爸爸。

"下次？还有下次？求求这位女侠饶了我吧！"见到爸爸故作可怜的样子，我哈哈大笑起来。

这就是我给爸爸扎小辫的故事，有趣吗？

浸润着爱的伤疤

黄 杨

在我的身上，有很多伤疤，分别在我的膝盖、手指、下巴安了家，每一道伤疤下都藏着一个故事，记录着我的成长，也烙下了妈妈深深的爱。

"摔痛了吗？不要紧，自己爬起来！"这是妈妈经常对我说的话。记得有一次和小朋友比赛跑步，我俩都摔倒了，小朋友的妈妈连忙跑过来，又抱又哄的。而我的妈妈却一动不动，只是微笑着鼓励我，让我爬起来。我痛得不得了，膝盖的皮都磨破了，渗出了血，我多想妈妈能走过来抱我一下！但她没有，我只好哭着爬起来，生气地喊道："坏妈妈，坏妈妈！"甚至不理妈妈，自己一个人走了。妈妈当时什么都没说，默默地跟在我的身后。

回家后，妈妈从冰箱里拿出冰激凌来说是奖励我刚才的坚强，我一看到心爱的冰激凌，哪里还记得痛呢？就坐在椅子上快乐地吃起来。妈妈却忙着用消毒水帮我冲洗伤口。在妈妈的照顾下，我膝盖上的伤口很快就好了，留下了一道浅浅的疤痕。但这条疤痕让我懂得了一个道理——摔倒了，就要勇敢地爬起来！

上幼儿园时，我对做手工很感兴趣，妈妈为了培养我的爱好，买了各式各样的剪纸回家。每天回家后，我就拿起小剪刀兴致勃勃地剪呀剪的，妈妈坐在一边静静地看着，从来不插手。有一次我不小心剪伤了手，吓得哭起来，妈妈一边安慰我，一边拿来万花油和棉花，帮我擦掉伤口外的血迹，还递给我一块创可贴，让我学习包扎。伤口不大，但手指上留下的一道疤痕让我懂得了一个道理——受伤了，就要懂得自救！

最让我受启发的是额头上那块小小的伤疤。那年，我刚学会骑自行车，每天放学回家，我都会骑着我的"爱驹"在楼下的小院里转几圈。熟练后，我的胆子也越来越大，有时甚至会偷偷地用一只手把着车把手。每次得逞时，心里就有说不出的高兴，还萌发了一个念头，让邻居小伙伴也来看看我的本领。机会终于来了，星期六下午，小朋友们都到楼下小院玩，人很多，我心里暗暗地想：这正是我大显身手的时候了！我骑着心爱的自行车在他们中间来回穿梭，许多小朋友向我投来羡慕的眼光。此时，我更得意了，冲着他们喊："请看我的绝招——单手驾车！"说完，我便空出左手，向着人群挥动起来。不料，车子撞向了墙角，我来不及躲避，一头撞在墙壁上……这次，妈妈失去了昔日的冷静，抱起我直奔医院。整个下午，妈妈都忧心忡忡，直到CT脑部扫描结果显示我一切正常，她才深深地舒了一口气。事后，妈妈并没有制止我骑自行车，而是对我多了一份叮嘱。这次，我从额头上的伤疤中懂得了一个道理——"骄傲跌在门坎。"

对着身上的伤疤，我要自豪地说："你们是美丽的，因为你们浸润着妈妈的爱！"

爸爸鼓励我"败家"

李发杉

　　我小时候非常调皮，对什么都很好奇。只要看到新奇的东西，就会拆开来看看，将零件弄得七零八落。所以，妈妈总是叫我"败家子"，而爸爸却不同，他总是鼓励我这些"败家"的行为。

　　记得有一次，父母不在家，一个念头突然浮现在我的脑海里，我想："爸妈都不在，该是我大显身手的时候了。"我拿出哥哥的螺丝刀、榔头，就开始把我原来想下手却不敢下手的一把新锁给拆了。随着一阵"乒乒乓乓"的声音，零件被我弄得满地都是，这下，我可傻眼了，别说"物归原主"了，就是扫地都清理不干净了，我只好"坐以待毙"。

　　妈妈回来了，看到一地狼藉，大吃一惊，问："我的小祖宗，你又干什么好事了？看你爸回来怎么收拾你！"这次错有点儿大，我便担惊受怕地等着爸爸回来。

　　不一会儿，爸爸回来了，妈妈便向他告状："看你儿子干的好事，把锁都拆了，真是个'败家子'。"爸爸微笑着说："没关系。我们要支持儿子的好奇心和动手能力。"爸爸又拍拍我的肩说："你能拆下来，我相信你一定也能把它安回去。来，你先把零件拾起来，动脑筋把它还原吧。"

"烤"乐一家人

在爸爸的帮助下，我开动脑筋，又操起工具，慢慢地把锁还原了，心里别提多高兴了。

后来，在爸爸的鼓励下，我又"肢解"了家里的一些小物品，并成功还原。

熟悉我的人都说我动手动脑能力强，爸爸听到总会哈哈大笑说："这是我鼓励他'败家'的结果。"

说说咱爸咱妈

张天翔

咱爸咱妈，商人也。作为卖学生用品的小商人两枚，在我看来，他们还是既老实又可靠的。

先说咱爸，他那生意经，嘿嘿，就一个字——诚。你听——

"呀！老顾客来了，今天想买点儿什么？""买个书包给老大。" 操外地口音的阿姨回答。"老大，过来，看看你喜欢什么图案什么颜色的书包。"咱爸边说边牵着"老大"的手，往书包陈列柜走去。接着，咱爸从奥特曼、铠甲勇士、变形金刚，到颜色、布料、做工……噼里啪啦一番介绍。那一脸的真诚实在，使他看起来就像是"老大"的小跟班。"我要蓝色的铠甲勇士书包！""老大"一锤定音。"我也要，我要奥特曼书包。"刚刚还在一边玩得正欢的"老二"也来凑热闹。"对呀！妈妈不能偏心，哥哥买了新书包，弟弟也要买，快来试一下这个！"咱爸边说边拿起旁边小号的奥特曼书包给

"老二"背上。"好吧，挺好看的，两个都要了。"阿姨一脸满意。咱爸也一脸满意，最后还真诚地给他们打了个够分量的折扣。

说完咱爸，再说咱妈。那天中午咱爸出去进货了，咱妈在楼下看店，我在楼上做作业。过了一会儿，楼下传来一阵奇怪的说话声，断断续续好一阵子，我便下楼一探究竟。只见一个高个子学生规规矩矩地站在咱妈面前。咱妈呢，正在和那个学生谈话，语气平和，循循善诱，像一个长辈在教育顽皮的晚辈。一番劝导后，咱妈眉头一挑，问："下次还偷不偷答案了？还出不出高价买答案了？"那学生一副悔过自新、决心重新做人的样子，忙不迭地摇头："老板娘，我知道错了，再也不这样了！"咱妈声音又是一柔，手一挥："赶快回去做作业吧！"那家伙赶紧道声谢离开了。原来，这位兄台没做作业，无法交差，想来偷份答案回去抄，被咱妈"火眼金睛"发现后，竟然想出高价把答案买下来。呵呵，21世纪什么最贵？答案！咱妈当然没允许，还好好教育了这小子一番。我说："妈，为什么不把答案卖给他呢？他出的价可够买整本书了。"咱妈却语重心长地说："儿子啊，有些钱是不能赚的。"

是的，在咱家的小店里，有很多钱是不能赚的，比如手表换电池，咱爸咱妈从来不收人工费；那些孩子拿钱来买Q币、4399之类的卡，咱爸咱妈是不卖的；过期的商品一律下架，从不以次充好……他们以自己的方式诚实地经营着小店，经营着人生，同时又在生活的点点滴滴中，教导我去做一个正直善良的人。

咱爸咱妈，可真不赖！

"神厨"老爸

洪宇君

我们一家三口人，与大多数家庭一样，爸爸主外，妈妈主内，洗衣、做饭之类的家务活全被妈妈承包了。老爸只会吃现成的，长这么大，我还没见他下过厨。

一天早上，妈妈对我和爸爸说，她要去看望生病的外婆，今天不回家了。妈妈走后，我有些不安：老爸不会做饭，今晚（中午我在学校吃）我们吃什么呢？会不会带我到店里去吃……想到这里，我心里泛起了一丝莫名的喜悦。下午放学了，我背起书包，快步往家里走去，刚进家门，就闻到厨房里飘来一阵阵香味。咦，怎么回事？老妈不是说她明天回来吗？我急忙放下书包，满腹狐疑地冲进厨房，原来是老爸正在做菜！

我来到老爸身边，只见滚烫的油锅里，一只只大虾正在"嗞嗞"作响，旁边的案板上放着两盘已烧好的菜：一盘红烧排骨，色泽金红，油光发亮，上面撒着一些葱花；一盘麻辣豆腐，细嫩光滑的表面上盖着一层淡红色的辣油。我迫不及待地将它们端上桌，拿起筷子夹了一块排骨就往嘴里塞，啊，外酥里嫩，又香又甜，味道美极了！接着，我又夹了一块豆腐放进嘴里，又滑又嫩，辣中带甜，麻中带辣，麻辣豆腐，果然名不虚传！正在我大快朵颐时，老爸又端上来一盘油焖大虾和一碗西红柿蛋花汤。我立马抓起一只大虾，剥掉壳后露出了洁白的虾肉，往嘴里一送，又鲜又嫩，那味道简直是妙不可言！

吃着老爸做的美味佳肴，我又惊又喜。原以为老爸不会做菜，没想到他的厨艺比老妈强多了。我不解地问："爸，我从没见你做过饭，怎么会有这么好的厨艺？你真是深藏不露啊！"老爸笑着说："傻小子，你老爸年轻时学过厨师，还拿过厨师证呢！只不过现在工作忙，你妈心疼我，不让我下厨……"

原来如此。此后，我就经常盼望着老妈不在家。因为，老妈不在家，我就能吃到我们家"神厨"做的美食了。

姥姥的羊肉大餐

战永泰

妈妈说，春节带我回姥姥家过年。我千盼万盼，望眼欲穿，终于在新年的前一天踏上了回姥姥家的路程。

姥姥家住在几百公里外的河南洛阳，那里是妈妈长大的地方，也是我最最想念的地方。一到姥姥家，我和妈妈就冲到姥姥跟前拥抱她。姥姥变成了"长臂猿"，把我和妈妈紧紧地搂在怀里，嘴里念叨着："你们总算回来了！可想死我了！"一家人团聚，又逢过年，家中充满了温馨甜蜜的气息。

听妈妈说洛阳是九朝古都，更是早期少数民族的聚集地，这里的回族人很多，所以洛阳人喜欢吃羊肉，这里的羊肉很好吃。妈妈嫁给

"烤" 乐一家人

了青岛的爸爸之后，就时常念叨，还是老家的羊肉好吃。可能是受妈妈影响吧，我和爸爸也喜欢吃羊肉。就因为这个，姥姥早早就备下了好多羊肉。打开姥姥家的冰箱，塞满了羊肉、羊排。从到姥姥家那天起，我的羊肉大餐就拉开了序幕。

善于烹饪的姥姥变着花样做各种羊肉美食给我们吃，羊肉汤、羊肉包子、孜然羊肉卷饼、羊肉面、炖羊排……我们一家三口大快朵颐，吃了上顿盼下顿，肚子撑得溜圆，体重火箭般上升。而姥姥呢，天天忙得团团转，但一到了吃饭的时候，她就笑容可掬地坐在那里，笑眯眯地看着我们吃，一副很满足的模样。我问："姥姥，你怎么不吃呀？这么好吃，你快吃点儿嘛！"姥姥呢，只是看着我们吃，说她吃了一辈子，不馋羊肉。妈妈笑着对我说："傻孩子，对姥姥来说，看我们吃就是一种享受呀！"

吃着美味的羊肉水饺，听着院子里"噼里啪啦"的鞭炮声，感受着的是浓浓的亲情。姨妈叹道："咱们家平时过年不叫过年，你们回家才叫过年呢！"我抬起头，看到不知何时泪水从妈妈的眼眶中溢了出来……

哥弟大战肥公鸡

刑邵聪

周末，姨妈叫上我们一家人，说要去姥姥家吃一顿大餐，一来看望老人，二来大家聚一聚。

到了姥姥家，我说："姥姥啊，我这段时间又嘴馋了，想吃您做的辣子鸡。"姥姥笑着摸摸我的头，说："好啦，小馋虫，看你口水都快流出来了！今儿个姥姥就给你露一手！不过，你可要和弟弟去抓鸡哦！""没问题。"我兴冲冲地点点头，挽起袖子，叫上弟弟："走，咱抓鸡去！"

我俩合计了一番，就到院子里寻找目标去了。嘿，在院子的角落里，一只大肥公鸡正踱着步闲逛呢。这只鸡昂首挺胸，"喔喔"直叫，好不威风！就是它了！这大肥鸡做出来肯定好吃。那只鸡见我们俩不怀好意地靠近它，霎时看出了我俩的心思，一扑棱翅膀，拔腿就跑。我和弟弟一看形势不妙，上去就追，一只鸡被两个小孩子追赶的场面可真有趣！我们的追鸡大战就这样展开了。

那只鸡左拐右拐，上下翻飞，好一个"鸡大侠"！可我抓不住它就吃不到鸡肉呀，任它怎么狡猾，我都不会放弃捉它的。我们折腾了好一会儿，都累了，"呼哧呼哧"地喘着粗气。我们僵持了一会儿，弟弟偷偷地绕到那只鸡的后面，猛地一扑，哎呀，鸡没抓到，反倒来了个嘴啃泥。那只鸡"喔喔，喔喔"地大叫了一番，好像在笑话我们兄弟俩无能呢。这只肥公鸡可真厉害，想不到它还有眼观六路的本事！

折腾来折腾去，我们俩连鸡毛也没碰着，心里好是憋气。硬的不行就来软的，我一边学鸡叫，一边往地上撒米，想把它引到我这边来。可这只鸡太挑食了，连米都不瞅一眼。我只好又换一招，在鸡面前跳起舞来。这肥公鸡不明白我们在搞啥名堂，反倒像被吸引住了，竟放松了警惕，两眼直愣愣地瞅着我。这时，弟弟瞅准时机，从后面猛地一扑，双手抓住了这该死的肥公鸡。"嘿嘿，小样儿，上当了吧，看你往哪儿跑！"我指着它的红冠子，乐呵呵地说。

捉鸡成功，当天晚上，我们就吃到了姥姥给我们做的美味辣子鸡。我们可是费了九牛二虎之力才逮住它的，因此，感觉这辣子鸡格外鲜美好吃。

妈妈的陪伴

闫怡璇

母爱如一根棒棒糖，让人感觉甜美而快乐；母爱如一本厚厚的书，让人能从中明白很多道理。天底下每一位妈妈都深爱自己的孩子，我的妈妈也不例外。她为我做了很多很多事，她不多说什么，总是默默陪伴我，启发我，鼓励我。

记得上小学三年级时，我的语文成绩很一般，每次老师让写作文，我都抓耳挠腮，不得要领。我的妈妈是位数学老师，可是教起作文来还挺有一套。

有一次，老师布置了一篇作文，题目是"秋天的美景"。我坐在书桌前，一会儿挠挠脑袋，一会儿翻翻作文书，想了半天也无从下手。这时，妈妈走过来，看见我发愁的样子，说："大自然是人类最好的老师，只要你善于去品味和欣赏大自然，就能发现大自然的美。走，咱们去外面转转，看看秋天的美都藏在什么地方。"

妈妈带我去公园里、马路上寻找秋天的美。我们一路边观察边交流，从远看到近看，看树、看花、看草、看色彩……并研究它们的特点。妈妈摸着我的头说："写作文其实很简单。你看，树叶落了下来，你可以把它落下的样子用生动形象的语言描写出来；你还可以把秋天的花草、小溪等景物写一写；也可以把秋天这些景物的样子与春天、夏天、冬天的样子对比着写一写。这样文章就会更加精彩。"听了妈妈的话，我顿时醒悟，原来写作文也没我想象的那么难。

回到家，我整理了一下自己的思路，结合刚才看到的景物，很快就完成了一篇作文。从此以后，我按照妈妈教我的方法写作文，作文水平渐渐有了提高，受到了老师的表扬，也受到了同学们的夸赞。我明白，我的进步和妈妈的默默陪伴和良苦用心是分不开的。

妈妈的陪伴给我欢乐，妈妈的陪伴给我力量。在我前进的路上，有妈妈的陪伴，真好……

妹妹变身记

朱媛媛

149

妹妹喝牛奶的时候，不停地来回舔，弄得满脸都是牛奶。妈妈笑着说："瞧，妹妹变成一只小花猫了！"我转过头盯着妹妹，"小花猫？"我对妹妹提高了警惕。

爸爸要去菜场买菜，站在门口问："你们今天想吃些什么菜？""我想吃鱼！"妹妹大声地强调。"好的。没问题。小馋猫！"爸爸笑眯眯地说。"小馋猫？"我听了觉得难以置信。

"猫！"妈妈和爸爸今天早上都说妹妹是一只猫，肯定发生了什么异样的事情。

此时，邻居家的小狗汪汪又溜达到了我家门口。妹妹突然迅速地躲在我的身后，还不断地说："姐姐保护我，怕怕。"我心想：平时妹妹也常逗汪汪玩，今天怎么会害怕汪汪？合理的解释只有一个——妹妹今天变成了一只猫！

我翻出我的医药箱去找妹妹，她在玩毛线球。"妹妹，我要给你检查身体。张开嘴，啊……"妹妹拼命地张大嘴巴，伸出粉红色的小舌头。我用放大镜看了看，妹妹的小舌头上还没有长出猫舌头一样的肉刺。我摸摸妹妹的头，观察妹妹的耳朵，嗯，还没有开始移位变形。我用听诊器放在妹妹的肚子上，听到有"咕噜咕噜"的声音，和猫肚子里发出的声音很相似。我挠挠头，恍然大悟。我知道到底是怎么回事了，我认为我们有必要召开一个紧急家庭会议。

"爸爸妈妈，你们说得很对，妹妹的确要变成一只猫了。"我严肃地说。妈妈瞪圆了眼睛，爸爸惊讶地说："这个消息可太让人意外了。你为什么这么认为？""妹妹喝牛奶用舌头舔，而不是像我们这样喝。爸爸去买菜时妹妹说要吃鱼，而不是她平时最喜欢的蒸鸡蛋。还有，妹妹看见汪汪，就像猫看见狗一样躲起来。"我像一个真正的侦探一样，把今天观察到的疑点慢慢地说出来，"我还看见妹妹聚精会神地在玩毛线球，像猫一样。"

"媛媛，我认为你什么也不用担心，"妈妈温和地说，"这一切都很正常。"

但是我还是不放心。临睡前，我偷偷溜进妹妹的小房间，在她的床边放了一个鞋盒，鞋盒里放了一只灰色的毛绒老鼠玩具和一个软软的棉花小枕头。以防万一，我在心里默默地想。

"晚安，妹妹。"我轻声地道别后，关上房门。妹妹"喵喵"地叫了几声，回应了我。

奶奶记不住了

邵问知

今年，爷爷奶奶到上海来和我们一起过新年。

他们一到家，我就欢天喜地地迎了上去，奶奶却往后一退，躲到爷爷身后，警觉地问爷爷："她们是谁呀？""她们是你的儿媳妇茗茗和孙女纳米呀！"奶奶一脸茫然，似懂非懂地点了点头，迈着小碎步被爷爷牵着手带到他们的卧室。

第二天一早，我洗漱的时候，发现脚盆、浴缸、水池、地上到处都是用过的卫生纸。吃完早饭，我发现牙签盒、巧克力和我的一只袜子都不见了，最后又都在奶奶房间的床底下和抽屉里找到了。不出所料，这些都是奶奶"收拾"的。

晚上，我们一家五口围坐在饭桌边，一边看新闻一边吃饭。不管播的是什么新闻，奶奶总是"咯咯"地笑着。饭后我问："奶奶，电视好不好看？"奶奶却说："我没看过！"又过了半小时，奶奶问爷爷："什么时候吃饭呀？""我们已经吃过了。"爷爷耐心地回答。原来，奶奶什么都忘了。

平时，爷爷走到哪里，奶奶就跟到哪里。有一次，爷爷要去买报纸，但他没有告诉奶奶。等奶奶发现爷爷不在了，既害怕又着急，拿起我的小挎包，对我们气冲冲地说："老头子让我走，我走了！"

我们让奶奶冷静冷静。过了一会儿，奶奶就忘了，也不再生气了。突然，她猛地站起来，回到自己的房间，讲起英语来！原来奶奶退休前是位英语老师，现在还能背出一段一段当年的课文。说了十多分钟流利的英语，奶奶又气鼓鼓地走了出来，坐在沙发上继续生闷气。这时，爷爷回来了，奶奶生气地对爷爷说："老头子，你去哪儿了？丢下我不管了？"爷爷忙道歉："我只是出去买报纸，怕你跟着累。"这时，我发现奶奶的房间里有一大碗剥皮去核但是已经被抠得稀烂的荔枝。我问："奶奶，这么一大碗荔枝，你吃得下吗？"奶奶昏暗的眼睛里一下子放出了光彩："这是我特地给我儿子雷雷剥的，他最喜欢吃荔枝了！"

这天晚上，我们在外面吃完饭后回家，妈妈在前面开车。奶奶抓着我的手，一脸迷惑，问道："开车的是我的儿子雷雷吗？""开车的是妈妈，旁边的才是你的儿子呀！""那我们去哪儿？""回家。""那什么时候吃饭？""我们已经在外面吃过了！"接着奶奶又奇怪地看着我，问："你是谁啊？""我是你的孙女纳米呀！""我记得纳米才五岁，还在南京！"奶奶挠了挠头，没再问下去。一会儿，奶奶又突然问爷爷："南京怎么有这么多高楼？"爷爷慢条斯理地说："我们在上海，在回儿子家的路上！"这时，我无意中瞄了一眼爸爸，他已经泪流满面，泣不成声了。

在电影里，人们看到流星划过天边时许下的心愿总能实现。自从爷爷奶奶回南京后，我每天晚上都要仰望星空，希望能看见流星，这样我就能向它许愿：奶奶，你的阿尔兹海默症一定会好起来的！

妈妈，请把我的权利还给我

谢伟成

我有一位好妈妈，她对我的关心可谓无微不至，整天在我耳边唠叨："要好好学习呀，英语阅读短文做了没？有空要多看课外书，多看书能增长知识、拓宽视野……"听得我耳朵都起茧子了。更令我苦恼的是，妈妈为我报了各种兴趣班：周三晚上学习钢琴，好不容易盼到周末，还要学奥数，补习语文，学习书法与绘画……我十分苦恼，因此，我们母子二人经常爆发战争。

今天，我们在品德课上学习了《我们的权利》，看了之后我兴奋不已，原来我们也有属于自己的权利。我决定给妈妈写一封信，并把它放到了妈妈卧室的床头柜上。

亲爱的妈妈：

我长大了，有个人隐私权，我希望你不要再看我的日记，也不要检查我的QQ聊天记录了。我知道你怕我走歪路，怕我成绩下降，我知道你都是为我好，不过我现在长大了，你放心吧！

另外，我还有娱乐休息的权利，我不想做一只笼中的小鸟，请您把我周六、周日休息的权利还给我吧！

儿子：伟成

153

"烤"乐一家人

放学了，我怀着忐忑不安的心情，回到了家。这时，我发现我的书桌上多了张纸条，上面写着：

亲爱的儿子：

以前妈妈把你当成孩子，时刻为你的成长操心。看了你的信后，我觉得你长大了，所以妈妈尊重你的想法，今后不再看你的日记，也不再给你额外布置课外作业了，把你的隐私权和自由权还给你。我相信你会把握好自己，走好自己的人生之路的！

妈妈

"耶！"看了信后，我开心地笑了，我终于争取到了属于我的权利，我感谢妈妈的宽容与理解！同时也暗下决心，今后一定要好好学习，让妈妈放心，也为自己心中美好的理想而努力！

154

我最幸福的时候

薛 静

幸福是什么？幸福是成功后一抹甜甜的微笑，幸福是失落时一句鼓励的话语……但我认为最幸福的，是全家人平安地在一起。

"轰隆隆——"雨无情地下着，雨滴拍打着窗户，一道闪电划破天际。我和妈妈在家里焦急地等待着，我在心里祈祷，希望爸爸平安无事。外面漆黑一片的夜空，除了雨和雷的声音，好像一切事物都沉睡了。远处，隐隐有摩托车开动的声音，我高兴得不得了，可是，不一会儿那声音又消失了。唉，爸爸怎么还不回来？他有没有被雨淋？我和妈妈好担心他。

突然，"嘀——"好像是车喇叭的声音，我欣喜若狂，以飞一般的速度跑向阳台，向下一看——不是爸爸，是隔壁邻居回来了。我的心顿时凉了半截，跑进自己的房间，扑在床上忍不住流泪，眼前一片模糊……

时间一分一秒地流逝，我的心也变得好沉重，眼泪一滴一滴地流淌。我好难过啊，我好想爸爸立刻回来，家里一下子就会充满了欢笑。

就在这时，几声车喇叭响彻雨夜。啊！是爸爸，爸爸回来了。开了门，我立刻上前抱住爸爸，妈妈也闻声赶了下来。我哭了，但这是高兴的泪水。爸爸上楼洗了个澡后，家里又恢复了原先的热闹与安宁：妈妈和爸爸在看电视，我在写作业，弟弟在玩玩具……这幅画面每天都在我家上演着，而此刻，我觉得特别珍贵。家里充满了温暖，我认为我是世界上最幸福的孩子，谁都比不上，犹如到了人间仙境一样的幸福，不，是比它还要幸福五百多倍！我爱我的家，因为它，我才幸福。

经过那一夜，我知道了，幸福就是全家人平平安安地在一起。

母爱的味道

甄晓清

人人都说世上只有妈妈好，当然，我也不例外。我甚至觉得母爱是一个五味瓶，我无时无刻都在享受着。

蜂蜜似的甜

我数学考了120分，我高兴得上蹿下跳。当我面露得意的笑容拿着考卷来到妈妈面前时，妈妈会心一笑。随之一挥手，温柔地说："玩电脑去吧。"此时我就像是吃了蜂蜜，心里甜甜的。

腊鱼似的咸

临近期中考试，老师们偏偏相信什么"临阵磨枪，不快也光"，给我们布置了许多作业。9点40了，我的眼睛已经疲惫，不知何时闭上眼睛，就这样迷迷糊糊睡了二十分钟。妈妈一进房间看我睡着了，便和我争得"鱼死网破"，最终我也不得不起来做作业，两只眼睛下挂着两行眼泪，怪咸的。

朝天椒似的辣

周末我写完了作业，就在客厅里看电视。这时我的背上出现了两个大烧饼，火辣辣的。妈妈说："走，背单词去！你上次英语才考了几分？还想看电视！"我默默地跟着她，背上依旧火辣辣的。

杨梅似的酸

暑假我明明要上补习班，作业都来不及写，她却还"好心"地给我报了一个美术班，一个礼拜去三次。天啊，好心酸！

苦瓜似的苦

前几天妈妈在网上学了个什么"营养早餐"。汤是甜的，我的心却是苦的。我敢肯定，这一定是世界上最"好吃"的东西。本来，我是可以和爸爸一起分享的，可自从那次"黑暗料理"事件发生后，爸爸就再也不吃妈妈做的一切新型自创菜品了。他天天偷偷跟我说他受够了。所以，我只能天天独享这份早餐，我真的很想说，妈妈，你的好意，我可以心领吗？

母爱就像一个五味瓶，而我的人生就是一盘无味的菜。我无时无刻不在享受着五味瓶与菜结合的过程，简简单单，平平淡淡，心口难开。这一次我要更勇敢地对您说：妈妈，您辛苦了。

妈妈在生活中的"变脸"有很多，有一样不变的，那就是对我的爱。

157

百变妈妈

龙家伟

大家都看过川剧吧，想来对其中的变脸并不陌生。但是你们也许不知道，我的妈妈也会"变脸"呢，而且比川剧演员变得还要娴熟、多样呢。

"烤"乐一家人

一、锦毛虎（温柔型）

"宝贝儿，宝贝儿……"是在叫我吗？我身上起了一身鸡皮疙瘩。"儿子，过来呀，妈妈叫你呢！"妈妈的脸笑成了一朵花，我却感到很不正常，硬着头皮走了过去，勉强挤出一个笑容问妈妈什么事。"儿子，这次考了一百分，真是太好了！怎么样，平时的努力没有白费吧？妈妈说什么来着？一分耕耘一分收获……"天哪，又来了，为了不被唠叨死，我赶紧脚底抹油——溜了。但妈妈的声音还是隔着老远传了过来："宝宝啊，考了好成绩可不能骄傲啊，还要继续努力啊……"我皱着眉头，心里坚信，如果我前世是孙大圣，妈妈一定是唐僧。

二、笑面虎（笑里藏刀型）

晚上，我马不停蹄地写了一个多小时，才搬完"三座大山"，累得腰酸背疼，手也麻了，总算是可以休息一下了。我长长地出了一口气，伸了个懒腰，准备出去活动活动。

"儿子，全写完了？""当然。"我坚定地答道。

"那，检查完了吗？""检查完了。"我一边说一边快速地往外溜，生怕节外生枝，再被妈妈以各种借口叫回去"补充营养"。

就在我跨出家门的一瞬间，妈妈的一句话正好传到我的耳朵里，"本来想让你打会儿游戏的，既然不感兴趣就算了。"

"啊？谁说的？我求之不得呢！老妈还是以'慈悲为怀'的嘛。"我趁机又赔着笑脸，送给妈妈一顶高帽子。

一回头，妈妈正一脸慈祥地看着我呢，我忙返回去走向电脑。"儿子，再背一首古诗就可以玩游戏了。"妈妈不知道从哪里变出了一本古诗书，递到我的手里。

唉，我就说嘛，天下哪有白吃的午餐！

三、东北虎（急性子型）

"起床了，起床了！还不快点儿，都快迟到了！"不用说，一定又是妈妈在练"河东狮吼功"。我连眼睛都没有睁，把被子往上一拉，脑袋缩回了温暖的被窝里，想继续和"周公"相会。就在我暗自庆幸耳朵清净的同时，忽然感到身上一阵发冷，妈妈居然一下掀开了我的被子。

"太残忍了吧！"我小声嘟囔着，极不情愿地坐了起来。

"嗖嗖嗖——"几件衣服像梭镖一样飞了过来，幸亏我眼疾手快地一一接住，否则，难免会"遍体鳞伤"。

接下来，被迫"打仗"一样洗漱，匆匆拿起一个面包，一面啃一面下楼。"儿子啊，跑快一点儿，妈妈可得早一点儿上班，那么多学生等着呢！"

唉，作为小学老师的儿子只能陪着妈妈"吃苦在先"了。我的妈妈在生活中的"变脸"还有很多，但不管怎么变，有一样是不变的，那就是对我的爱。

"烤"乐一家人

品　品

大年初一上午，在乡下老家楼房前的水泥场上，一缕炊烟袅袅升起，伴随着秸秆燃烧发出的噼里啪啦的响声飘向远方。

轻烟里有三个男孩儿的身影在晃动，围观的人们不断发出一阵阵欢声笑语，大家都乐不可支。他们在干什么呢？

我们的大家庭有三十几口人，四世同堂。每年春节团聚，最快乐的时光就是一起吃年糕。小叔郑一丁、弟弟姜正阳和我今年都是十二岁。我们聚到一起，总是找着"乐"，是全家人的"快乐发动机"。经过激烈的商讨，我们决定"火"上一把，大"乐"一场，为全家人送上一道烤年糕大餐，让春节过得红红火火，更有乐趣。征得爷爷的同意，我们便劲头十足地忙开了。

我们三人上街买来了年糕。行动敏捷的"猴子"弟弟很快找来二十多双筷子串年糕；我负责搭"烤炉"，经过艰难的"搜寻"，我只找来了三块勉强可用的烂砖头；负责找秸秆的小叔也没有弄到多少……正当我们快要放弃的时候，奶奶打开老堆房，我们终于找到了想用的所有东西。经过不断的努力，年糕串了好几串，"烤炉"完工了，柴草也齐全了。万事俱备，只欠火种。我们没有向长辈要打火机，而是尝试"钻木取火"。在科技发达的今天，原始人取火的方法也会用上，真是难得。可是"钻木取火"法早已失传，小小年纪的我们再聪明也还是没有成功。这时我发现对面人家正准备放爆竹。我们立刻拿着柴草冲过去借火，又以"超音速"奔回来，放上秸秆。"圣火"真给力，在"烤炉"里跳起了"恰恰"，蹿得好高。我双手拿起筷子，把年糕靠近火苗，太贴近了，烫手，年糕也会烤焦；离太远了，年糕又烤不熟……经过一次又一次调试，香喷喷的年糕终于烤成了！

我们兴致勃勃地大口大口地吃着带有烟熏味儿的年糕，一家人津津有味地分享着我们的劳动成果，大家乐开了花，特别是年近百岁的曾祖父、曾祖母那刻满皱纹的脸上也绽开了笑容，酷似返老还童啦！

养家接力

张馨舟

白色的病房里飘着浓浓的消毒水味，爸爸躺在病床上，虽然他在闭目养神，但眉头却一直紧锁着。突然，他睁开双眼，含着泪对守在一旁的妈妈说："我不能干活了，以后还怎么撑起这个家？"妈妈温柔地对爸爸说："没关系，还有我呢！"

爸爸是出租车司机，是家里的顶梁柱。他患有腰椎间盘突出，虽然很疼，但他仍然坚持开车。去年冬天，爸爸腰疼得越来越厉害，可他一直拖到彻底动不了了，才决定做手术。这也意味着家里的顶梁柱倒下了。

妈妈是全职家庭主妇，她十几年待在家里照顾我和爸爸。爸爸住院以后，我经常看到妈妈两眼通红。我问妈妈："您是因为爸爸的病哭的吧？妈妈，您放心，爸爸一定会好起来的！"可妈妈却说："还真不是因为你爸爸的病，而是因为我怕我找不到工作。我都这么大年纪了，又那么多年没有出去和别人交流，出去工作，我能行吗？"我给妈妈打气："妈妈，相信自己，您一定能找到一份好工作的！"

爸爸住了二十多天医院，花光了家里的全部积蓄。他出院以后，虽然能活动，却不能开车，也不能做剧烈的活动，赚钱养家的任务，只能交给妈妈。

此后，白天妈妈一边做家务、照顾爸爸和我，一边通过网络、朋友们找工作。不管多热的天，她都要抽空跑出去参加面试，回来后总是大汗淋漓。爸爸对妈妈说："真是难为你，委屈你了！"妈妈告诉爸爸："什么是家？家是你和我共同撑起来的！"

那天，妈妈兴冲冲地跑回来。"你是不是有好消息了？"爸爸脸上露出了少有的笑容。妈妈自豪地告诉我们："我在友客便利店找了一份工作，当服务员。去应聘的人都是貌美如花的年轻人，就我一个老太婆，但我却把她们都PK下去了，我现在是一名四十多岁的老服务员呢！"

看着妈妈神采飞扬的样子，我鼻子一酸，扑到妈妈怀里，激动的眼泪在眼眶里打转。现在的我多么希望自己能快点儿长大，快点儿加入这场养家接力呀！

钥匙去哪儿了

谢 添

周末午后的阳光温情而明媚，我伸了个长长的懒腰，准备起床和好友去书店逛逛。我将手伸进口袋摸了一下钥匙。咦？钥匙呢？睡觉前还在兜里呢，这一下吓得我冷汗直冒，来了个"鲤鱼打挺"，一跃而起。

我再次小心翼翼地将手伸进口袋，还是没有！我又将口袋翻了个底朝天，没有！我仿佛已听到老妈责怪的声音。怎么办？怎么办？谁拿了吗？是哪个胆大包天的贼偷到本小姐头上了！仔细想想，今天没有外人来，难道是隔壁邻居东东？不是他，他只是来问了一道数学题。是哪只淘气的小猫叼走了？没有啊……对啦！前几天楼下的大妈和我妈吵了几句，闹得各自心里都不舒服。不会……不会是为了这点儿小事，就暗地里飞檐走壁偷走了我的钥匙？

哼，气死我啦！我脑子里像堆乱麻，纠兮缠兮。嗯，她肯定想偷走钥匙气气我们！

我带着熊熊怒火冲出家门，正好碰见那个大妈要出门，她瞻前顾后鬼鬼祟祟的。肯定是她，不用怀疑。我决定从现在起，密切注视她的一切行踪！她边走还边回头，难道她发现我在跟踪她了？不好，差点儿被发现了……她要去干什么？如此神秘？哦……她一定是去转移赃物了。我要有耐心，等到她把钥匙拿出来，我就冲上去，人赃并获，看她怎么说。

这时她的前边来了一个大妈，朝她笑了笑。呵，那好像是她的"闺中密友"，一定是她的接头人。那大妈一过来，就说："Hello! How do you do！"我还没见过我们村里有会说英语的呢，那肯定是接头暗语。这进一步证实了我的猜测，一定是她！这时她突然回头，正与我的目光对上。霎那间，我脸涨得通红。不行，得勇敢些。我义正严词地问道："是不是你拿了我们家的钥匙，快还给我！"她愣了一下，没说话。哼，看你怎么办，我刚才都听到钥匙响啦，因为妈妈怕我丢了钥匙，特意在钥匙上挂了一个漂亮的小铃铛。只要钥匙一掉出来，就能及时发现——这回我看你有什么话说。"哦，你是说这钥匙啊！"说着，她拿出钥匙塞到我手上，她的这一举止让我大吃了一惊，"你妈刚才拿你钥匙出去了，回来有事没来得及上楼，碰到我了，让我给你。我估计你在睡觉，说等你起来给你。小添，正好你过来了，听听我们的英语说得怎么样？""阿姨，我……"这一刻我的脸更红了。

现在我只想喊："天哪！我怎么这么神经！"

走 过 风 雨

黄唯一

不经历风雨怎能见彩虹？行走在人生的风雨中，我昂首挺胸，阔步向前……

测试小插曲

一场突如其来的秋雨闯入了我的青春。

雨缠绵地飘飞，如丝，如线，如烟，如雾。在这场风雨中，我收获了坚强。

"今天我们进行测试。"老师下达命令，我们这些"蚁族"，只有努力完成。手表的秒针疾速地飞转，同学们都在奋笔疾书。窗外冰凉的秋雨侵袭着玻璃窗，我茫然地看着桌上沉重的试卷，不知所措。刺骨的悲痛，让我只想逃避。

考试的结果不言而喻，我的试卷如下坠的落叶，带着一种悲凉与无奈，让我不寒而栗。我如同跌进深渊，无法面对自己惨淡的成绩，我的心与那场秋雨一起悲泣。

我闭上眼睛，对自己说——这只是暂时的，我必须战胜失败，走出这阴郁的雨季。

于是，我抖抖衣服，拍拍胸脯，重整旗鼓。我从忧郁的谷底里走出来，伸出双手，去拥抱那久违的阳光。

风铃变奏曲

一场不经意的心灵之雨横扫我的天空。

这场雨悄然无声，如豆，似箭，像针，似火。在这场风雨中，我走向了成熟。

那是一个阴天，面对着学习生活中诸多不如意，我的心情变得十分烦躁。门前的风铃突然响了起来，我转过头，原来是母亲抱着叠好的衣服走进来。我皱了皱眉头，没说话。

烤"乐一家人

一会儿，又是一阵"丁零零"的响声。我头也不回地大声嚷道："您进来时就不能轻点儿，这风铃的声音，烦死了。"身后母亲急切地解释："不是，我是给你……"不容她说完，我便粗暴地打断了她的话说："您就不能让我有一个安静的学习环境吗？"身后是一片短暂的沉寂。我转过头去，看见母亲端着一杯热腾腾的牛奶，身体像僵硬了般，直直地伫立在那儿，眼里满是愧疚。她尴尬地笑了笑，将牛奶轻轻放在桌上，便出去了。过门的时候，她努力地弯着身子，不让自己碰到风铃，风铃却还是响了一下，像是一声小小的叹息。

　　我瞬间好自责。我怎么能这样对待母亲？我难道不应该明白，那悠悠的风铃声是爱的旋律，让我心灵的天空变得越发宽广？

　　行走在人生的风雨中，在坚强与爱的支撑下，我将勇往直前，并且坚定地说："让暴风雨来得更猛烈些吧！"